KB210615

이 모든 책들은 예수 그리스도 안에서 하나님의 은혜로 성령의 도우심으로 썼습니다. 지혜이신 예수 그리스도가 내 모든 글의 근원입니다. 그러므로 굳이 표현하지 않아도 아시겠지만 잠언만큼은 직접 표현하고 싶습니다. 나의 사랑하는 주님, 예수 그리스도께 이 책을 드립니다.

날마다 성서 시리즈
하정완 목사와 성경읽기

잠언,

사람을
지혜롭게하는
책

날마다 성서 시리즈
하정완 목사와 성경읽기
잠언, 사람을 지혜롭게 하는 책

지은이 · 하정완
펴낸이 · 성상건
편집디자인 · 자연DPS

펴낸날 · 2017년 2월 10일
2쇄 펴낸날 · 2023년 6월 9일
펴낸곳 · 도서출판 나눔사
주소 · (우) 10270 경기도 고양시 덕양구 푸른마을로 15
        301동 1505호
전화 · 02)359-3429   팩스 02)355-3429
등록번호 · 2-489호(1988년 2월 16일)
이메일 · nanumsa@hanmail.net

ⓒ 하정완, 2017

ISBN 978-89-7027-195-8-03230

값 10,000원
잘못된 책은 바꾸어 드립니다.

이 도서의 국립중앙도서관 출판예정도서목록(CIP)은 서지정보유통지원시스템 홈페이지
(http://seoji.nl.go.kr)와 국가자료공동목록시스템(http://www.nl.go.kr/kolisnet)에서 이용하실 수 있습니다.
(CIP제어번호 : CIP2017002489)

날마다 성서 시리즈
하정완 목사와 성경읽기

잠언,

사람을
지혜롭게 하는
책

하정완 | 지음

나눔사

성경을 읽어야 사람은 살 수 있다

"태초에 하나님이 천지를 창조하시니라"(창1:1)

'하나님이 세상을 창조하셨다.' 하나님이 만드셨습니다. 여기서 잊지
말아야 할 것은 창조 이전의 모습입니다. 창세기는 이렇게 기록하였습
니다.

"땅이 혼돈하고 공허하며 흑암이 깊음 위에 있고 하나님의 영은
수면 위에 운행하시니라"(창1:2)

하나님이 창조하시기 전 세상의 진실은 상상할 수 없는 혼란이었고,
어둠이었고, 절망이었습니다. 아무 것도 없었던 완벽한 카오스였습니
다. 이 모습이 세상이었습니다.

그런데 우리도 이 세상의 일부였습니다. 창세기 2장에 나오는 하나
님이 사람을 창조하시는 장면에서 우리의 근거가 기술되는 것을 알 수

있습니다.

> "여호와 하나님이 땅의 흙으로 사람을 지으시고"(창2:7)

여기에서 "흙"이라는 말로 사용된 히브리어 '아파르'는, 단순한 흙이 아니라 '찌꺼기 더미'라는 뜻입니다. 그것이 혼돈과 공허한 것의 내용입니다. 우리의 본질적인 모습입니다.

'세상의 본질, 사람의 근거는 허무와 혼돈, 무지와 사악 그리고 무질서, 결핍과 공허였다.' 이것이 창세기가 말하고 있는 이 세상과 사람의 뿌리입니다. 한마디로 말해서 'nothing' 아무 것도 아니었습니다. 그런데 그 같은 허무와 공허에서 하나님이 창조하신 것입니다. 이 창조의 핵심은 말씀이었습니다.

> "하나님이 이르시되 빛이 있으라 하시니 빛이 있었고... 그대로
> 되니라"(창1:3,7)

'빛이 있으라 하시니 빛이 있었다.' 세상이 바뀐 것입니다. 혼돈과 어둠이 밝혀진 것입니다. 그러나 중요한 것은 빛이 생긴 것이 아니라, 빛의 원인이 바로 하나님이 말씀하신 것에서 시작되었다는 것입니다. 하나님이 혼돈과 무질서한 세상에 말씀으로 질서를 두신 것입니다. 이 아름다운 창조를 요한복음은 이렇게 기록하였습니다.

> "태초에 말씀이 계시니라 이 말씀이 하나님과 함께 계셨으니 이
> 말씀은 곧 하나님이시니라 그가 태초에 하나님과 함께 계셨고 만
> 물이 그로 말미암아 지은 바 되었으니 지은 것이 하나도 그가 없
> 이는 된 것이 없느니라"(요1:1-3)

창조의 핵심은 말씀이었습니다. 말씀으로 세상을 창조하신 것입니다. 말씀, 곧 성경이 중요한 이유입니다. 우리가 성경을 읽어야 하는 이유입니다. 말씀하는 순간 세상은 공허에서 질서가 잡혔고, 혼돈에서 소망이 생겼고, 죽음에서 생명이 드러났기 때문입니다. 그것이 창세기 1장이 말하고 있는 내용입니다.

"하나님이 이르시되 빛이 있으라 하시니 빛이 있었고"(창1:3)

그러므로 크리스천은 무조건 하나님의 말씀, 곧 성경으로 살아야 합니다. 더욱이 우리의 본질은 혼돈과 공허함이었기 때문입니다. 오로지 성경만이 우리를 다시 새롭게 빚으시고 창조하실 것이기 때문입니다. 성경을 읽어야 사람이 살 수 있는 결정적인 이유입니다. 성경 없이 우리가 살 길은 없기 때문입니다.

성경 66권 전부를 읽고 묵상하는 것은 모든 크리스천의 로망입니다. '하정완 목사와 성경읽기' 시리즈는 그 같은 로망에 대한 개인적인 응답이자 한국 교회와 함께 하고 싶은 열망이기도 합니다.

이 근사한 성경읽기를 할 수 있었던 것은 꿈이 있는 교회라는 토양 때문입니다. 그래서 꿈이있는교회와 staff들 특히 원고를 정리해준 김유빈 전도사에게 감사를 드리며, 동시에 이 같은 출간을 흔쾌히 받아주신 나눔사 성상건 장로님과 직원들에게도 감사를 드립니다. 그러나 무엇보다 나의 신앙의 큰 지원자인 아내 서은희와 나의 주 하나님께 감사를 드립니다.

성서 한국을 꿈꾸며
하정완 목사

책 사용 가이드

'하정완 목사와 성경읽기' 시리즈는 성경을 읽되 가능한 깊이 묵상하며 읽는 것을 돕기 위하여 만들어졌습니다. 단순 통독이 아니라 깊은 묵상을 할 수 있도록 준비하였습니다.

1. 가능한 성경 본문을 읽고 생각하십시오.
가장 좋은 방법입니다. 제시된 성경 본문을 먼저 읽는 것입니다. 그리고 자신에게 주신 단어 혹은 구절에 대한 느낌을 꼭 적으시기 바랍니다.

2. 성경을 읽지 않아도 묵상할 수 있게 배려했습니다.
매우 성경 중심으로 글을 썼기 때문입니다. 비록 성경을 읽지 못한 상태로 읽어가도 충분히 이해할 수 있도록 성경을 인용하였습니다.

3. 묵상일기를 남기십시오.
반드시 글을 읽고 난 후에 '묵상' 란에 오늘 말씀을 통하여 깨닫게 된 것을 한 줄이라도 남기셔야 합니다. 일종의 묵상일기입니다.

4. 전체를 이어서 읽어도 됩니다.
매일 한 개씩 읽으면서 진행해도 되지만 전체를 이어 읽으면서 성경을 묵상하는 것도 좋은 방법입니다.

'성경 66권을 묵상하면서 읽다!'
이것이 목표입니다.

:: 차 례 ::

제1부

하나님 알기를 노동하라

기막힌 책

* Lexio 읽기 / 잠언 1:1-6
가능하면 오늘의 본문을 먼저 읽는 것이 좋지만 바로 아래 글을 읽어도 좋습니다. 충분히 본문을 이해하도록 배려하며 글을 썼습니다. 혹시 본문을 읽으신 분은 감동이 오는 말씀이나 단어 혹은 느낌을 간단히 적으시면 좋습니다.

"다윗의 아들 이스라엘 왕 솔로몬의 잠언이라"(잠1:1)

'미쉘레 쉴로모.' 솔로몬의 잠언이라는 히브리어 표기입니다. '미쉘레'는 원형 '마샬'의 복수형인데, '마샬'은 헬라어 두 가지로 번역됩니다. '비유'라는 의미의 '파라볼레'와 '격언'이라는 의미의 '파로이미아'입니다.

일반적으로 우리가 아는 신약성경의 '비유'라는 단어는 주로 '파라볼레'를 사용합니다. 그런데 재미있는 것은 칠십인역(LXX)에서 '마샬'을 '파로이미아'로 번역한 점입니다. 물론 요한복음에서도 '파로이미아'로 번역하는 경우가 있습니다(요10:6, 16:25, 16:29).

"예수께서 그들에게 이 비유를 말씀해 주셨지만 그들은 그 말씀이 무슨 뜻인지 깨닫지 못하였다."(공동번역/요10:6)

'파라볼레'라는 일반적인 비유와 달리 매우 깊은 깨달음이 필요한 경우 주님이 '파로이미아'란 단어를 쓰신 것입니다. 즉 '하나님께서 허락하시고 도와주시지 않으면 이 세상 어느 누구라도 깨달을 수 없는 말씀에 대하여 '파로이미아'라는 단어를 사용'(잠언, 두란노 HOW 주석, 155)한 것임을 알 수 있습니다.

이 같은 관점에서 볼 때 잠언은 단순한 책으로 취급받을 수 없습니다. 사실 그 의미는 잠언서 자체가 스스로를 그렇게 설명하고 있습니다.

> "이는 지혜와 훈계를 알게 하며 명철의 말씀을 깨닫게 하며 지혜롭게, 공의롭게, 정의롭게, 정직하게 행할 일에 대하여 훈계를 받게 하며 어리석은 자를 슬기롭게 하며 젊은 자에게 지식과 근신함을 주기 위한 것이니"(잠1:2~4)

'알게 하며, 깨닫게 하며, 받게 하며, 슬기롭게 하며, 지식을 주기 위한 것이다.'

'기막힌 책'이라고 스스로 말하고 있는 것입니다. 하나님이 도와주시지 않으면 절대로 깨달을 수 없는 말씀의 열쇠가 잠언에 들어있다는 뜻입니다. '기막힌 책'입니다.

'기대해도 좋습니다. 잠언을 읽어 내려가다가 깨달음에 이르는 기대 말입니다. 그리 되기를 기도하십시오.'

* Meditatio 묵상
오늘 말씀을 통하여 깨닫게 된 것을 짧게 적어보십시오.

하나님으로 시작하라 두려워하라

* Lexio 읽기 / 잠언 1:7
가능하면 오늘의 본문을 먼저 읽는 것이 좋지만 바로 아래 글을 읽어도 좋습니다. 충분히 본문을 이해하도록 배려하며 글을 썼습니다. 혹시 본문을 읽으신 분은 감동이 오는 말씀이나 단어 혹은 느낌을 간단히 적으시면 좋습니다.

- -

- -

"지혜 있는 자는 듣고 학식이 더할 것이요 명철한 자는 지략을 얻을 것이라"(잠1:5)

잠언은 하나님께서 도와주시지 않으면 해석할 수 없는 책입니다. 정확하게 말해서 해석할 수 없다는 뜻이 아니라 다른 차원의 깨달음이 있다는 뜻입니다. 어떤 의미인지 알 수는 있지만 그것의 영적인 차원은 알 수 없으며, 내면의 깊은 속사람을 변화시키는 깨달음에 이를 수는 없다는 말입니다. 그 차원은 '오로지 하나님의 개입으로만 가능하다'는 뜻입니다. 그런 까닭에 잠언을 기록하면서 저자는 명제와 같은 말씀을 합니다.

"여호와를 경외하는 것이 지식의 근본이거늘 미련한 자는 지혜와 훈계를 멸시하느니라"(잠1:7)

잠언에 하나님의 지식이 숨어있는 까닭입니다. 하나님이 열지 않으시면 그 비밀을 정확히 깨닫거나 경험할 수 없고, 아는 것 같지만 알지 못하는 현상을 만날 수 있습니다. 그런 까닭에 "경외"가 "지식의 근본"이라 말한 것입니다. 유진 피터슨은 재미있게 이 구절을 번역하였습니다.

> "하나님으로 시작하여라. 지식의 첫걸음은 하나님께 엎드리는 것이다." (메시지/잠1:7)

저는 이렇게 번역하고 싶습니다.

> "하나님을 두려워하여라. 거룩한 두려움은 하나님을 알고자 하는 자의 근본 자세이다." (하정완역/잠1:7)

깊이를 알 수 없는 무궁무진한 지식이나 깨달음을 만날 때 감탄을 지나쳐 황홀함과 두려움을 느끼는 것처럼 하나님을 그런 자세로 만나야 한다는 말입니다. 사실 사람은 하나님을 만날만한 존재의 무게가 되지 못합니다. 더욱이 물질이나 축복에만 매달리는 가볍고 천박한 태도로 하나님을 대하고 있습니다. 그런 까닭에 하나님을 아는 것은 불가능하다고 말하는 것입니다. 그러므로 '먼저 두려워하라 거룩히 여기라'고 시작을 연 것입니다.

'우리는 언제나 예배자로 서야 합니다. 거룩한 하나님 앞에 경외함으로 서야 합니다. 잊지 마십시오.'

* Meditatio 묵상
오늘 말씀을 통하여 깨닫게 된 것을 짧게 적어보십시오.

하나님을 알고 추구하는 것을 자랑하라

* Lexio 읽기 / 잠언 1:7-9

가능하면 오늘의 본문을 먼저 읽는 것이 좋지만 바로 아래 글을 읽어도 좋습니다. 충분히 본문을 이해하도록 배려하며 글을 썼습니다. 혹시 본문을 읽으신 분은 감동이 오는 말씀이나 단어 혹은 느낌을 간단히 적으시면 좋습니다.

"여호와를 경외하는 것이 지식의 근본이거늘 미련한 자는 지혜와
훈계를 멸시하느니라"(잠1:7)

거룩한 두려움을 가지고 하나님 알기를 추구하는 태도는 당연히 '경
건한 순종'으로 나타납니다.

그렇다면 '어떻게 하나님을 알 것인가?'라는 질문이 생깁니다. 이에
대하여 잠언 기자는 그 통로가 하나님을 경외하는 부모에 의해서라고
말합니다. 물론 요즘은 목사, 교회의 역할이 더 강하지만 당시 유대인
들에게 있어서 교육의 전달자는 부모였습니다. 그러므로 넓게 바라볼
필요가 있습니다.

"내 아들아 네 아비의 훈계를 들으며 네 어미의 법을 떠나지 말
라"(잠1:8)

여기에서 "아비의 훈계"와 "어미의 법"은 하나님을 아는 지식의 내용

입니다. 간단히 말하면 말씀입니다.

"훈계"라는 말의 히브리어 단어는 '무사르'입니다. "훈계"라는 표현이 심각하게 보이지 않을 수 있지만 이어지는 대구의 구절인 "법"의 히브리어가 '토라'라는 점을 주의할 필요가 있습니다. 알다시피 '토라'는 잠언에서만도 '명령'이라는 의미의 단어 '미츠바'와 함께 쓰이고 있습니다. 더욱이 '토라'는 강력한 요구가 내재된 단어입니다. 그런 까닭에 "훈계"와 "법"은 가볍거나 참고할만한 것이 아니라 구속력을 가진 반드시 따라야 할 법이라는 의미가 담겨 있는 것입니다.

'반드시 지켜야 한다.' 우리가 일반적으로 놓치고 있는 것입니다. 하나님을 아는 지식이 깊어지지 않는 이유이고 온전한 깨달음에 이른 성숙한 신앙인이 되지 못하는 이유입니다. 오히려 멸시합니다. 가볍게 여깁니다. 그런데 잠언 기자는 그것을 자랑스럽게 여기고 삶의 자연스러운 것으로 여기고 살아야 한다고 말합니다.

> "그것은 네 머리에 쓰고 다닐 아름다운 관이요 네 목에 걸고 다닐
> 목걸이다."(공동번역/잠1:9)

'하나님을 알고 추구하며 그 말씀에 거하는 것을 자랑으로, 즐거움으로 여기고 자신의 삶에 새겨 놓으십시오.'

* Meditatio 묵상
오늘 말씀을 통하여 깨닫게 된 것을 짧게 적어보십시오.

아예 그들의 길의 금도 밟지 말라

* Lexio 읽기 / 잠언 1:10-19
가능하면 오늘의 본문을 먼저 읽는 것이 좋지만 바로 아래 글을 읽어도 좋습니다. 충분히 본문을 이해하도록 배려하며 글을 썼습니다. 혹시 본문을 읽으신 분은 감동이 오는 말씀이나 단어 혹은 느낌을 간단히 적으시면 좋습니다.

"내 아들아 네 아비의 훈계를 들으며 네 어미의 법을 떠나지 말라"(잠1:8)

이것은 지켜야 할 것입니다. 이어 잠언 기자는 떠나야 할 것, 따르지 말 것을 말합니다. '따르지 말 것!'

"내 아들아 악한 자가 너를 꾈지라도 따르지 말라"(잠1:10)

성경은 이것에 대하여 매우 강력하게 말합니다. 단순히 악을 행치 않는 정도가 아니라 악과 죄에 대하여 원천적으로 봉쇄하라고 말입니다. 그들과 어울리지 않을 뿐 아니라 심지어 그들이 밟은 길로도 다니지 말라 강조하십니다.

"내 아들아 그들과 함께 길에 다니지 말라 네 발을 금하여 그 길을 밟지 말라"(잠1:15)

사실 우리가 죄와 악에 익숙하게 되는 이유는 처음부터 원천 봉쇄하지 않고 틈을 주었기 때문입니다. 그것을 공동번역은 '심심할 때'라고 번역하였습니다. '심심하다. 한가하다. 넋을 놓다.' 그때 들어온 것입니다. 다시 말해, 말이 안 되는 것 같이 보이지만 이 같은 상황에 빠지는 것은 '심심하게 자신을 방임하여 정신을 내려놓았기 때문'입니다.

> "그들은 너를 이렇게 꾀리라. '같이 가서 길목을 지키다가 피를 보자. 심심하니 길목에 숨었다가 무고한 사람을 덮쳐 죽음이 산 사람 삼키듯이 구덩이가 사람을 통째로 빨아 들이듯이 해치우고 온갖 값진 재물을 차지하자. 털어 온 것으로 우리의 집을 그득 채우자. 우리와 한 통속이 되어 같이 먹고 같이 살자.'"
>
> (공동번역/잠1:11-14)

'심심하다.' 죄의 시작이었습니다. 저녁에 다윗이 궁궐 위로 어슬렁거리다가 밧세바를 범했듯이 말입니다. 그러므로 심심할 때 주의하십시오. 언제나 악에 대해 원천 봉쇄를 시도하십시오. 그것이 삶의 방법이어야 합니다.

> "내 아들아 아예 그들의 길의 금도 밟지 말라."(하정완역/잠1:15)

'나에게 있는 틈이 어떠한지 살펴보십시오.'

* Meditatio 묵상
오늘 말씀을 통하여 깨닫게 된 것을 짧게 적어보십시오.

하나님이 가득한 세상을 둘러보라

* Lexio 읽기 / 잠언 1:20-26

가능하면 오늘의 본문을 먼저 읽는 것이 좋지만 바로 아래 글을 읽어도 좋습니다. 충분히 본문을 이해하도록 배려하며 글을 썼습니다. 혹시 본문을 읽으신 분은 감동이 오는 말씀이나 단어 혹은 느낌을 간단히 적으시면 좋습니다.

> "여호와를 경외하는 것이 지식의 근본이거늘 미련한 자는 지혜와 훈계를 멸시하느니라"(잠1:7)

"지식"은 깨달음을 말하는 것인데 그것의 지향점은 하나님을 아는 것입니다. 하나님을 아는 순간 '순종적인 경외'가 시작되는 것입니다. 이처럼 여호와를 경외하는 것이 하나님을 아는 것의 시작이지만 그것이 쉬운 것은 아닙니다.

그런데 놀라운 것은 그 지식에 이르기 위한 실마리들을 우리에게 허락하신 것입니다. 바로 지혜입니다. 어느 누구에게도 제한되지 않게 주어졌습니다.

> "지혜가 길거리에서 부르며 광장에서 소리를 높이며 시끄러운 길목에서 소리를 지르며 성문 어귀와 성중에서 그 소리를 발하여 이르되"(잠1:20-21)

하나님을 아는 지식에 이르는 지혜가 감춰져 있지 않다는 뜻입니다.

길거리, 광장, 성문 어귀 등 누구든 쉽게 들을 수 있습니다. 복음의 보편성과 비견될 수 있습니다. 그러므로 문제는 사람입니다. 사람이 지식에 이르는 지혜를 원하지 않는 것입니다. 근본적으로 하나님을 아는 지식에 관심이 없는 것입니다.

> "너희 어리석은 자들은 어리석음을 좋아하며 거만한 자들은 거만을 기뻐하며 미련한 자들은 지식을 미워하니 어느 때까지 하겠느냐"(잠1:22)

하나님 알기를 즐거워하는 "지식"에 이르도록 "지혜"를 기뻐하고 사랑해야 하는데 사람들은 관심이 없습니다.

> "내가 불렀으나 너희가 듣기 싫어하였고 내가 손을 폈으나 돌아보는 자가 없었고 도리어 나의 모든 교훈을 멸시하며 나의 책망을 받지 아니하였은즉"(잠1:24–25)

사랑하지 않습니다. 관심이 없습니다. 오로지 자신의 이익, 곧 세상적인 것에만 관심이 있습니다. 하나님을 아는 지혜가 천지에 깔려 있어도 소용이 없는 이유입니다.

'하나님 알기를 원한다면 조금만 둘러봐도 온 세상에 가득한 지혜를 만날 것입니다. 한번 둘러보십시오.'

* Meditatio 묵상
오늘 말씀을 통하여 깨닫게 된 것을 짧게 적어보십시오.

....

....

더 이상 하나님으로부터 퇴보하지 말라

* Lexio 읽기 / 잠언 1:27–33

가능하면 오늘의 본문을 먼저 읽는 것이 좋지만 바로 아래 글을 읽어도 좋습니다. 충분히 본문을 이해하도록 배려하며 글을 썼습니다. 혹시 본문을 읽으신 분은 감동이 오는 말씀이나 단어 혹은 느낌을 간단히 적으시면 좋습니다.

> "지혜가 길거리에서 부르며 광장에서 소리를 높이며 시끄러운 길목에서 소리를 지르며 성문 어귀와 성중에서 그 소리를 발하여 이르되"(잠1:20–21)

아무리 지혜가 소리 높여 외쳐도 소용이 없습니다. 그 이유를 잠언 기자는 사람들이 미워하고 즐거워하지 않기 때문이라고 말하였습니다.

> "대저 너희가 지식을 미워하며 여호와 경외하기를 즐거워하지 아니하며"(잠1:29)

우리는 하나님을 알지만 훈계와 법은 따르지 않고 깊은 친밀감에 이르는 것을 거절하며 내가 원하고 즐거워하는 수준(적당한 종교 행위의 신앙까지 포함해서)으로 삽니다. 그런데 만약 재앙이 닥쳐온다면 어떻게 되겠습니까? 이에 대하여 잠언 기자가 기록했습니다. 그때 하나님의 태도가 심각합니다.

> "너희의 두려움이 광풍 같이 임하겠고 너희의 재앙이 폭풍 같이

이르겠고 너희에게 근심과 슬픔이 임하리니 그 때에 너희가 나를
부르리라 그래도 내가 대답하지 아니하겠고 부지런히 나를 찾으
리라 그래도 나를 만나지 못하리니"(잠1:27-28)

하나님의 외면입니다. 하나님께서 자신을 찾는 자들을 돌보지 않으
시겠다는 것입니다. 그 이유를 성경은 하나님의 "교훈을 받지 아니하고
나의 모든 책망을 업신여겼"(잠1:30)기 때문이라고 설명합니다. 진정성
이 없다는 것을 알았다는 뜻입니다.

더 정확하게 말해서 잠언 기자는 "어리석은 자의 퇴보", "미련한 자
의 안일"이라고 표현합니다. 이미 그동안 살아왔던 삶이 돌아올 수 없
는 "퇴보"였기 때문입니다. 삶의 태도는 "안일"이었기 때문입니다. 오
로지 세상에서의 번영만이 관심이었던 것입니다.

"어리석은 자의 퇴보는 자기를 죽이며 미련한 자의 안일은 자기
를 멸망시키려니와"(잠1:32)

돌아올 수 없는 "퇴보"가 있습니다. 나 자신도 자기 자신을 어찌할
수 없는 "퇴보" 말입니다.

'더 이상 퇴보하지 마십시오. 돌아서십시오.'

* Meditatio 묵상
오늘 말씀을 통하여 깨닫게 된 것을 짧게 적어보십시오.

하나님 알기를 노동하라

* Lexio 읽기 / 잠언 2:1-5

가능하면 오늘의 본문을 먼저 읽는 것이 좋지만 바로 아래 글을 읽어도 좋습니다. 충분히 본문을 이해하도록 배려하며 글을 썼습니다. 혹시 본문을 읽으신 분은 감동이 오는 말씀이나 단어 혹은 느낌을 간단히 적으시면 좋습니다.

> "그 때에 너희가 나를 부르리라 그래도 내가 대답하지 아니하겠
> 고 부지런히 나를 찾으리라 그래도 나를 만나지 못하리니"(잠1:28)

"그 때"는 두려움과 재앙이 임할 때입니다. 사람들은 그 때만 하나님을 찾습니다. 임시방편적인 '하나님 찾기'입니다. 어리석은 자들의 행보입니다.

이어 잠언 기자는 어리석은 자들이 은과 금을 찾기에 혈안이 된 것처럼 '하나님을 추구하는 것은 불가능한 것인가'라는 질문을 던지고 있습니다. 1절에서 4절까지 조건절의 내용입니다.

> "은을 구하는 것 같이 그것을 구하며 감추어진 보배를 찾는 것 같
> 이 그것을 찾으면"(잠2:4)

아름다운 일입니다. 우리의 추구가 물질적인 것에는 익숙하지만 순수하게 하나님을 추구하는 것에는 익숙하지 않기 때문입니다. 오히려

하나님을 추구하는 것조차 물질적이고 세속적인 성공과 소원을 이루기 위한 수단이 되는 것이 현실입니다.

설령 하나님을 추구하는 이들조차 하나님의 지식에 이르지 못하는 이유가 여기에 있습니다. "은을 구하는 것 같이"라는 표현에서 알 수 있듯이 '노동'을 요구하기 때문입니다.

베네딕도회 계열의 수도원에 들어서면 그 입구에 이런 글귀가 새겨져 있습니다. 'ora et labora.'(기도하고 일하라) 은을 구하기 위해 일하는 것처럼 기도 역시 은을 구하는 것 같은 열망이 있어야 한다는 뜻입니다. 바로 그때 하나님을 알게 되는 것입니다. 5절에서 9절까지 이어지는 귀결절의 내용입니다. 그 중 5절이 핵심 문장입니다.

"여호와 경외하기를 깨달으며 하나님을 알게 되리니"(잠2:5)

하지만 현재 우리는 하나님을 찾고 예배하지 않습니다. 편의점에서 아르바이트 하는 것만큼의 노동도 없습니다. '그 정도의 노동도 없이, 헌신도 없이 주님을 찾는다!' 참 어리석고 무례한 일이 아닙니까?

'하나님 찾기를 노동하듯이 찾아보셨습니까?'

* Meditatio 묵상
오늘 말씀을 통하여 깨닫게 된 것을 짧게 적어보십시오.

하나님의 지식에 이르도록 추구하라

* Lexio 읽기 / 잠언 2:4-9

가능하면 오늘의 본문을 먼저 읽는 것이 좋지만 바로 아래 글을 읽어도 좋습니다. 충분히 본문을 이해하도록 배려하며 글을 썼습니다. 혹시 본문을 읽으신 분은 감동이 오는 말씀이나 단어 혹은 느낌을 간단히 적으시면 좋습니다.

> "은을 구하는 것 같이 그것을 구하며 감추어진 보배를 찾는 것 같
> 이 그것을 찾으면 여호와 경외하기를 깨달으며 하나님을 알게 되
> 리니"(잠2:4-5)

노동의 이유는 은을 구하기 위해서입니다. 마찬가지로 하나님을 구하는 것의 결과는 하나님을 아는 것입니다. 그런데 그것이 그리 매력적이지 않은 것 같습니다. 세상적이고 물질적이며 눈에 보이는 것이 아니기 때문입니다. 노동하듯이 하나님을 구하지 않는 이유입니다.

이 본문은 다시 자세히 읽을 필요가 있습니다. 단순히 "하나님을 알게 되리니"라고 번역하는 것으로 충분하지 않기 때문입니다. 직역하면 이렇습니다.

> "그 때에 너는 여호와를 경외함(이르아트 아도나이)을 이해할 것이고
> 하나님의 지식(다아트 엘로힘)을 발견할(마짜) 것이다."(하정완역/잠2:5)

"하나님의 지식"을 단순히 '하나님을 아는 지식'으로 해석하거나 개역

개정성경처럼 "하나님을 알게 되리니"라고 번역할 수도 있습니다. 하지만 '발견하다'로 번역되는 히브리어 단어 '마짜'를 놓치는 실수를 범해서는 안 됩니다. 그러니까 단순히 아는 것이 아니라 '지식을 발견하는 것'이라고 표현해야 그 의미의 풍성한 내용을 드러낸다 할 수 있습니다.

그렇다면 "하나님의 지식"은 무엇을 말하는 것입니까? 일반적인 해석처럼 하나님을 아는 지식일 수도 있지만 '하나님이 가지고 계신 지식'이라 말할 수 있습니다. 그 지식을 발견한다는 뜻입니다. 즉 하나님의 눈으로 세상과 사물을 보게 된다는 의미입니다. 그리고 그 결과를 이렇게 적었습니다.

> "그런즉 네가 공의와 정의와 정직 곧 모든 선한 길을 깨달을 것
> 이라"(잠2:9)

더 간단히 줄여서 "길을 깨달을 것이라"로 집약할 수 있습니다. 길(道)을 발견하는 것입니다. 세상의 이치와 삶의 방법 등 하나님의 지식을 발견하는 것입니다. 잠언을 묵상하다가 이 놀라운 지식에 이르게 될 것입니다.

'하나님을 전심으로 추구할 수 있다는 것은 이미 길에 들어선 자라는 의미입니다. 그렇다면 나는 어떻습니까?'

* Meditatio 묵상
오늘 말씀을 통하여 깨닫게 된 것을 짧게 적어보십시오.

하나님을 아는 지식이 영혼을 달콤하게 하리라

* Lexio 읽기 / 잠언 2:10-22

가능하면 오늘의 본문을 먼저 읽는 것이 좋지만 바로 아래 글을 읽어도 좋습니다. 충분히 본문을 이해하도록 배려하며 글을 썼습니다. 혹시 본문을 읽으신 분은 감동이 오는 말씀이나 단어 혹은 느낌을 간단히 적으시면 좋습니다.

> "그런즉 네가 공의와 정의와 정직 곧 모든 선한 길을 깨달을 것이라"(잠2:9)

우리가 하나님을 알기를 노동하듯 구할 때 우리에게는 놀라운 일이 벌어집니다.

우리는 "공의와 정의와 정직 곧 모든 선한 길을" 깨닫게 되고, "악한 자의 길과 패역을 말하는 자에게서"(잠2:12) 건져지고, 세상의 모든 유혹을 대표한다고 볼 수 있는 "음녀에게서, 말로 호리는 이방 계집"(잠 2:16)으로부터 이길 수 있는 힘을 갖게 됩니다.

이 같이 놀라운 일은 우리 안에 벌어진 어떤 현상 때문입니다. 즉 우리가 하나님을 구하며 추구할 때 우리는 하나님의 지식에 이르게 되고 그 지식으로 인해 우리 안에 지혜가 생기게 되기 때문입니다.

오늘 이 잠언 기자의 말씀을 바울의 언어로 바꾼다면 이 세대를 본받지 않을 뿐만 아니라 "하나님의 선하시고 기뻐하시고 온전하신 뜻이 무엇인지 분별"(롬12:2)하게 되는 것입니다. 그러나 이보다 더 놀랍고 신나는 일은 다른 데 있습니다. 잠언 기자는 그것을 이렇게 고백하였습니다.

> "지혜가 네 마음에 들어가고, 지식이 네 영혼을 달콤하게 만들 것이다."(쉬운성경/잠2:10)

하나님을 아는 지식 자체가 우리를 즐겁게 한다는 것입니다. 세상에서 물질적이고 육체적인 무엇을 얻어서가 아니라 하나님을 아는 지식 자체가 우리의 영혼을 달콤하게 하는 것입니다. 이것이 신앙의 비밀입니다.

하박국 선지자가 지극한 위험의 상황에서도 즐거워했던 비밀(합3:17-18)이고 바울이 깨달음으로 흥분하여 설명하던 바로 그 일체의 비밀(빌4:11-12)입니다.

신앙은 이처럼 세상을 넘어설만한 지식에 이르는 것입니다. 다른 종류의 영혼의 달콤함을 느끼면서 말입니다.

'하나님을 아는 지식이 있습니까? 그 지식이 나의 영혼을 달콤하게 한 경험을 갖고 있습니까?'

* Meditatio 묵상
오늘 말씀을 통하여 깨닫게 된 것을 짧게 적어보십시오.

제 2 부

지혜가 길을 열어간다

그 달콤한 지식을 잊지 말고 유지하며 지키라

* Lexio 읽기 / 잠언 3:1-5

가능하면 오늘의 본문을 먼저 읽는 것이 좋지만 바로 아래 글을 읽어도 좋습니다. 충분히 본문을 이해하도록 배려하며 글을 썼습니다. 혹시 본문을 읽으신 분은 감동이 오는 말씀이나 단어 혹은 느낌을 간단히 적으시면 좋습니다.

"내 아들아 나의 법을 잊어버리지 말고 네 마음으로 나의 명령을
지키라"(잠3:1)

그런데 이 같은 삶의 결과가 약간 세속적으로 보입니다.

"그리하면 그것이 네가 장수하여 많은 해를 누리게 하며 평강을
더하게 하리라"(잠3:2)

물론 이상하게 보일 수 있지만 그렇지 않습니다. 먼저 이미 살폈던 잠언 2장 10절 말씀을 보겠습니다.

"지혜가 네 마음에 들어가고, 지식이 네 영혼을 달콤하게 만들 것
이다."(쉬운성경/잠2:10)

"하나님의 지식"이 우리에게 주는 현상입니다. '달콤하다. 행복하다. 즐겁다.' 특별한 긍정적 사고방식을 가져서가 아니라 깨달음이 있는 자의 행복입니다.

"나는 비천에 처할 줄도 알고 풍부에 처할 줄도 알아 모든 일 곧
배부름과 배고픔과 풍부와 궁핍에도 처할 줄 아는 일체의 비결을
배웠노라"(빌4:12)

그것의 모습입니다. "장수"한다는 것이 무조건 오래 산다는 것이 아
니라 하나님의 평화가 이뤄진 자가 누리는 내면적 상태의 결과라 말할
수 있습니다. 뿐만 아니라 하나님의 지식을 따라 바르게 사는 사람에게
따르는 축복은 아름답습니다.

"그리하면 네가 하나님과 사람 앞에서 은총과 귀중히 여김을 받
으리라"(잠3:4)

늘 우리에게 필요한 것은 진정성입니다. 마음을 다하는 것입니다. 빈
틈없이 언제나 하나님을 추구하는 것이 중요합니다. 마음의 벌레가 기
어 나오지 않게 말입니다.

"마음을 다하여 야훼를 믿어라. 잘난 체하지 말고"(공동번역/잠3:5)

'하나님의 지식을 가진 자는 다른 삶을 살 수 밖에 없습니다. 하나님
의 평강이 지배할 것이기 때문입니다.'

* Meditatio 묵상
오늘 말씀을 통하여 깨닫게 된 것을 짧게 적어보십시오.

하나님을 인정하라 언제나 인정하라

* Lexio 읽기 / 잠언 3:6-10
가능하면 오늘의 본문을 먼저 읽는 것이 좋지만 바로 아래 글을 읽어도 좋습니다. 충분히 본문을 이해하도록 배려하며 글을 썼습니다. 혹시 본문을 읽으신 분은 감동이 오는 말씀이나 단어 혹은 느낌을 간단히 적으시면 좋습니다.

"그리하면 그것이 네가 장수하여 많은 해를 누리게 하며 평강을 더하게 하리라... 그리하면 네가 하나님과 사람 앞에서 은총과 귀중히 여김을 받으리라"(잠3:2,4)

하나님의 지식으로, 깨달음으로 달콤하던 기억을 놓치지 말고 그 법을 잊지 않고 살아갈 때 발생하는 현상입니다. 그러므로 언제나 그 사실을 인정하며 살아야 합니다.

"너는 범사에 그를 인정하라 그리하면 네 길을 지도하시리라"
(잠3:6)

"'범사에', 그러니까 '모든 일에' 하나님을 초청하라.' 라이프 스타일이어야 한다는 말입니다. 그런데 거의 불가능할 것입니다. 대부분의 신앙인이 이렇게 살지 않습니다. 우리의 앞길이 불확실한 이유입니다. 하나님의 지도는 '범사에 인정하는 것'에 이어지는 현상이기 때문입니다.

그러므로 주의할 것은 '스스로 자신을 지혜롭게 여기지 말고'(잠3:7)

하나님을 경외하며 따라가야 합니다. 재미있게도 이어 강조하는 것은 세속적인 축복입니다.

> "이것이 네 몸에 양약이 되어 네 골수를 윤택하게 하리라"(잠3:8)

동시에 잠언 기자는 이 세상의 물질에 대한 소유권이 하나님께 있음을 인정할 것을 요청합니다. 물론 이에 대한 결과도 세속적인 축복입니다.

> "네 재물과 네 소산물의 처음 익은 열매로 여호와를 공경하라 그리하면 네 창고가 가득히 차고 네 포도즙 틀에 새 포도즙이 넘치리라"(잠3:9-10)

이상하게 보일지 모르지만 하나님은 모든 것을 통치하는 분이시란 사실을 간과해서는 안 됩니다. 그러므로 하나님과 함께 이들에게 임하는 즐거움에는 물질적인 것도 포함되어 있는 것입니다. 당연합니다. 하나님의 통치란 모든 존재하는 것의 영역과 현상을 다 내포하기 때문입니다.

'하나님은 세속적으로도 우리가 놀라운 복을 누리며 살기를 원하십니다. 물론 하나님을 인정하는 삶보다 복이 우선일 수는 없습니다. 우리의 문제 지점입니다.'

* Meditatio 묵상
오늘 말씀을 통하여 깨닫게 된 것을 짧게 적어보십시오.

_____

_____

지혜를 얻는 것은 은을 얻는 것보다 낫다

* Lexio 읽기 / 잠언 3:11-20

가능하면 오늘의 본문을 먼저 읽는 것이 좋지만 바로 아래 글을 읽어도 좋습니다. 충분히 본
문을 이해하도록 배려하며 글을 썼습니다. 혹시 본문을 읽으신 분은 감동이 오는 말씀이나
단어 혹은 느낌을 간단히 적으시면 좋습니다.

"내 아들아 여호와의 징계를 경히 여기지 말라 그 꾸지람을 싫어

하지 말라"(잠3:11)

'하나님이 우리를 징계하신다.' 우리를 징계하시고 꾸지람을 하시는
이유는 우리가 '하나님이 사랑하시는 자요 기뻐하는 아들 같은 존재'이
기 때문입니다.

"대저 여호와께서 그 사랑하시는 자를 징계하시기를 마치 아비가

그 기뻐하는 아들을 징계함 같이 하시느니라"(잠3:12)

잠언 3장 말씀 전체 문맥을 통해서 볼 때 하나님이 징계하시는 이유
는 우리가 특별한 죄를 범했기 때문이 아닙니다. 우리가 지혜를 구하지
않았기 때문이고 하나님 알기를 추구하지 않았기 때문이며 하나님의
가르침, 곧 말씀을 마음에 두려하지 않았기 때문임을 알 수 있습니다.

왜 이 같은 태도가 징계를 받기에 마땅한 것입니까? 두말할 것도 없

이 가장 소중한 것이기 때문입니다. 그런데 우리는 덜 소중한 것, 찰나적인 것인 은과 금에 매달려 있습니다.

> "이는 지혜를 얻는 것이 은을 얻는 것보다 낫고 그 이익이 정금보
> 다 나음이니라 지혜는 진주보다 귀하니 네가 사모하는 모든 것으
> 로도 이에 비교할 수 없도다"(잠3:14-15)

"지혜"는 하나님으로부터 나온 것이고 그 지혜를 통하여 깨달음으로 얻게 되는 하나님의 지식은 완전한 것입니다. 잠언 기자는 마치 욥에게 하나님이 하시던 말씀처럼 가늠할 수 없는 지식을 예시합니다.

> "여호와께서는 지혜로 땅에 터를 놓으셨으며 명철로 하늘을 견고
> 히 세우셨고 그의 지식으로 깊은 바다를 갈라지게 하셨으며 공중
> 에서 이슬이 내리게 하셨느니라"(잠3:19-20)

비록 이 세상을 살지만 다른 길이 열린 것입니다. 잠언 기자의 표현처럼 "즐거운 길"(잠3:17)이 열리는 것입니다. 길이 보이는 것입니다.

'지혜를 얻는 것은 은을 얻는 것보다 낫습니다. 이 사실을 인정하고 추구하는 것이 신앙의 성숙입니다.'

* Meditatio 묵상
오늘 말씀을 통하여 깨닫게 된 것을 짧게 적어보십시오.

지혜는 우리를 살아있게 하는 생명이라

* Lexio 읽기 / 잠언 3:21-26

가능하면 오늘의 본문을 먼저 읽는 것이 좋지만 바로 아래 글을 읽어도 좋습니다. 충분히 본문을 이해하도록 배려하며 글을 썼습니다. 혹시 본문을 읽으신 분은 감동이 오는 말씀이나 단어 혹은 느낌을 간단히 적으시면 좋습니다.

"지혜를 얻는 것이 은을 얻는 것보다 낫고 그 이익이 정금보다 나음이니라"(잠3:14)

하나님으로부터 오는 지혜를 온전히 지키고 벗어나는 삶을 살지 않아야 합니다. 우리가 그동안 살아온 삶과는 다른 삶의 태도입니다. 그 때 놀라운 일이 벌어집니다. 지혜는 "영혼의 생명"(잠3:22)이 됩니다.

"그것이 너의 영혼에 생기를 불어넣으며, 너의 목에 우아한 장식물이 될 것이다."(새번역/잠3:22)

살아있는 것입니다. 하나님으로부터 나온 지혜가 주는 "생기"는 삶의 역동성을 지니게 하기 때문입니다. 그 효과를 이렇게 기록하고 있습니다.

"네가 누울 때에 두려워하지 아니하겠고 네가 누운즉 네 잠이 달리로다 너는 갑작스러운 두려움도 악인에게 닥치는 멸망도 두려워하지 말라"(잠3:24-25)

아들 압살롬을 피해 야반도주한 다윗이 동굴 속에서 평안히 잠을 잔 것처럼, 사자 굴의 다니엘이 평안히 잔 것처럼 우리 마음에 참된 평안이 생기는 것입니다.

이와 같은 일이 생기는 것은 하나님의 영이 내주하심으로 우리에게 말씀하시기 때문이기도 하지만 놀라운 지혜가 생겼기 때문입니다. 말로 표현할 수 없는 기막힌 어떤 깨달음에 이른 것입니다.

이 사실을 안다면 다른 것에 의존할 수 없습니다. 오로지 하나님에게 의존하는 것이 당연할 수밖에 없습니다.

> "대저 여호와는 네가 의지할 이시니라 네 발을 지켜 걸리지 않게
> 하시리라"(잠3:26)

지혜는 앞에서 살핀 것처럼 어디에서든 공급받을 수 있습니다. 온 천지에 지혜가 가득하기 때문이고 우리는 하나님 말씀을 통해 언제든지 얻을 수 있기 때문입니다. 문제는 추구하는 것, 의존하는 것입니다. 그럴 수만 있다면 언제든 충분한 것입니다.

'지혜를 얻는 것은 생명입니다. 살아있게 하는 것입니다. 잊지 마십시오.'

* Meditatio 묵상
오늘 말씀을 통하여 깨닫게 된 것을 짧게 적어보십시오.

자연스러운 삶을 추구하라

* Lexio 읽기 / 잠언 3:27-35

가능하면 오늘의 본문을 먼저 읽는 것이 좋지만 바로 아래 글을 읽어도 좋습니다. 충분히 본문을 이해하도록 배려하며 글을 썼습니다. 혹시 본문을 읽으신 분은 감동이 오는 말씀이나 단어 혹은 느낌을 간단히 적으시면 좋습니다.

"대저 여호와는 네가 의지할 이시니라 네 발을 지켜 걸리지 않게
하시리라"(잠3:26)

우리는 '오로지 하나님을 의지하며 사는 지혜로운 삶은 어떤 삶일까?' 하는 질문을 던질 수 있습니다. 잠언 기자는 무슨 대단한 윤리와 행동을 요구한 것이 아니라 매우 자연스러운 삶을 예시하였습니다. '자연스러운 것!'

"네게 행할 능력이 있거든, 도움이 필요한 사람에게 기꺼이 도움
을 주어라."(쉬운성경/잠3:27)

사람의 위험은 탐욕입니다. 미움과 질시는 본능적으로 흘러나옵니다. 이는 하나님의 자연스러움이 아닙니다. 어색하지 않은 '자연스러운 자유' 같은 것이어야 하는데 말입니다.

"네 이웃이 평안히 살면 그냥 살게 내버려두라."(하정완역/잠3:29)

44

그런데 우리는 사촌이 땅을 사면 배가 아픕니다. 네가 잘되는 것을 보면서 기뻐하고 즐거워할 수가 없습니다. 갑자기 시기와 질투가 생겨납니다. 상대방이 잘되는 모습을 볼 수가 없습니다. 화가 나서 견딜 수가 없습니다. 그저 이유 없이 비난합니다. 과거 최진실씨 같은 이를 비롯하여 우리는 까닭 없이 비난하고 저주함으로 죽음에 이르게 한 경험을 갖고 있습니다. 그러한 미움과 질시를 도무지 이해할 수 없지만, 한편으로는 이 같은 것이 아무렇지도 않게 자연스러워졌습니다. 비진리가 지배하는 세상이라는 말입니다.

> "너에게 해를 끼치지 않은 사람을 아무 까닭 없이 비난하지 마라."(쉬운성경/잠3:30)

기막힌 것은 포학한 자를 부러워하는 것입니다. 어느 초등학교 아이들의 꿈이 조폭이 되는 것이라고 조사된 적이 있습니다. 정신없는 세상입니다.

> "포학한 자를 부러워하지 말며 그의 어떤 행위도 따르지 말라"
>
> (잠3:31)

'지혜가 없습니다. 이 세상 사람들의 행동과 생각을 보면 알 수 있습니다. 자연스러움, 나는 어떤 모습입니까?'

* Meditatio 묵상
오늘 말씀을 통하여 깨닫게 된 것을 짧게 적어보십시오.

말씀을 마음에 두고 지혜로 살라

* Lexio 읽기 / 잠언 4:1-9
가능하면 오늘의 본문을 먼저 읽는 것이 좋지만 바로 아래 글을 읽어도 좋습니다. 충분히 본문을 이해하도록 배려하며 글을 썼습니다. 혹시 본문을 읽으신 분은 감동이 오는 말씀이나 단어 혹은 느낌을 간단히 적으시면 좋습니다.

"나도 내 아버지에게 아들이었으며 내 어머니 보기에 유약한 외아들이었노라"(잠4:3)

우리가 솔로몬을 생각할 때 가장 아름다운 모습은 통치 초기 하나님께 일천번제를 드린 후 하나님께 드린 서원 기도에서 찾을 수 있습니다. "유약한 외아들"이라고 표현했듯이 솔로몬은 자신이 약하다는 것을 알고 있었습니다.

"나의 하나님 여호와여 주께서 종으로 종의 아버지 다윗을 대신하여 왕이 되게 하셨사오나 종은 작은 아이라... 듣는 마음을 종에게 주사 주의 백성을 재판하여 선악을 분별하게 하옵소서"

(왕상3:7,9)

다윗은 자신이 성전을 지을 수 없다는 것을 알았습니다. 그때 다윗은 솔로몬이 자신을 대신하여 성전 건축을 할 수 있도록 모든 것을 준비한 후 백성들 앞에 서서 솔로몬을 잘 도울 것을 부탁하면서 이렇게 말합니다.

"내 아들 솔로몬이 유일하게 하나님께서 택하신 바 되었으나 아
직 어리고 미숙하며 이 공사는 크도다"(대상29:1)

어쩌면 다윗은 그런 솔로몬의 모습을 걱정하였을지도 모릅니다. 그
래서 솔로몬은 통치 초기에 겸손히 하나님의 도우심을 구한 것이었고,
하나님은 전적으로 자신을 의존하는 솔로몬에게 지혜와 축복을 주신
것입니다.

이처럼 솔로몬의 비밀은 자신의 약함을 인식하고 하나님을 전적으로
의존한 것에 있었습니다. 그래서 솔로몬 역시 말년에 자신의 아들에게
"내 말을 네 마음에 두라"(잠4:4)고 강권한 것입니다. 이 말은 예전에
아버지 다윗이 자신에게 한 말이기도 했습니다(대상28:9).

"아버지가 내게 가르쳐 이르기를 내 말을 네 마음에 두라 내 명령
을 지키라 그리하면 살리라... 지혜를 버리지 말라 그가 너를 보
호하리라 그를 사랑하라 그가 너를 지키리라"(잠4:4,6)

'말씀을 마음에 두고 지혜로 사는 것이 유약한 아들 솔로몬이 사는
방법이었습니다. 그러므로 그가 말년에 무너진 이유는 지혜를 버린 까
닭이었습니다. 잊지 마십시오.'

* Meditatio 묵상
오늘 말씀을 통하여 깨닫게 된 것을 짧게 적어보십시오.

....

....

우리가 배운 지혜가 길을 열어간다

* Lexio 읽기 / 잠언 4:10-19
가능하면 오늘의 본문을 먼저 읽는 것이 좋지만 바로 아래 글을 읽어도 좋습니다. 충분히 본문을 이해하도록 배려하며 글을 썼습니다. 혹시 본문을 읽으신 분은 감동이 오는 말씀이나 단어 혹은 느낌을 간단히 적으시면 좋습니다.

> "내가 지혜로운 길을 네게 가르쳤으며 정직한 길로 너를 인도하
> 였은즉 다닐 때에 네 걸음이 곤고하지 아니하겠고 달려갈 때에
> 실족하지 아니하리라"(잠4:11-12)

'지혜로운 길을 배우는 것'만으로도 충분합니다. 그 길을 아는 것만으로도 곤고하지 않으며 달려가더라도 넘어지지 않습니다. 그 길을 알기 때문입니다. 당연히 하나님이 인도하시기 때문입니다. 그러므로 중요한 것은 생명으로 여겨 굳게 붙잡는 것입니다.

> "이 교훈을 흘려 버리지 말고 굳게 잡아라. 그것이 네 목숨이니
> 잘 지켜라."(공동번역/잠4:13)

수없이 강조한 것처럼 사악한 악인의 길에는 근처에 가지도 말고 아예 피해야 합니다.

> "사악한 자의 길에 들어가지 말며 악인의 길로 다니지 말지어다
> 그의 길을 피하고 지나가지 말며 돌이켜 떠나갈지어다"(잠4:14-15)

'피하라!' 왜냐하면 그들은 악 자체를 생활양식으로 삼는 자들이기 때문입니다. 그들 자신이 이미 악 자체가 된 것입니다. 이 세상에는 그런 자들이 있습니다. 악과 더러움, 음란과 불의를 행하지 않으면 잠이 안 오는 자들 말입니다.

> "그들은 악을 행하지 못하면 자지 못하며 사람을 넘어뜨리지 못하면 잠이 오지 아니하며 불의의 떡을 먹으며 강포의 술을 마심이니라"(잠4:16-17)

하지만 그 악이란 것은 어둠 같아서 어둠으로 끝납니다. 어둠 속에 있기 때문에 스스로 자신에게 걸려 넘어지기 때문입니다.

> "악인의 길은 어둠 같아서 그가 걸려 넘어져도 그것이 무엇인지 깨닫지 못하느니라"(잠4:19)

그러므로 걱정하지 마십시오. 우리가 배우는 지혜가 밝은 길이 될 것이기 때문입니다.

'어느 날 우리가 묵상하고 마음에 품는 이 지혜들이 우리를 살릴 것입니다. 그러므로 그 지혜를 더 사랑하십시오.'

* Meditatio 묵상
오늘 말씀을 통하여 깨닫게 된 것을 짧게 적어보십시오.

나의 마음을 지키는 방어 장치들을 확보하라

* Lexio 읽기 / 잠언 4:20-27
가능하면 오늘의 본문을 먼저 읽는 것이 좋지만 바로 아래 글을 읽어도 좋습니다. 충분히 본문을 이해하도록 배려하며 글을 썼습니다. 혹시 본문을 읽으신 분은 감동이 오는 말씀이나 단어 혹은 느낌을 간단히 적으시면 좋습니다.

"그것을 네 눈에서 떠나게 하지 말며 네 마음 속에 지키라"(잠4:21)

마음 속에 지키는 것은 쉽지 않았을 것입니다. 그런 까닭에 유대인들은 지혜의 근원인 말씀을 잊지 않기 위하여 몸에 붙이고 다녔습니다. 그것은 마음으로 지키는 그들의 간절함이었고 하나님의 배려였습니다.

"너희는 나의 이 말을 너희의 마음과 뜻에 두고 또 그것을 너희의 손목에 매어 기호를 삼고 너희 미간에 붙여 표를 삼으며 또 그것을 너희의 자녀에게 가르치며 집에 앉아 있을 때에든지, 길을 갈 때에든지, 누워 있을 때에든지, 일어날 때에든지 이 말씀을 강론하고 또 네 집 문설주와 바깥 문에 기록하라"(신11:18-20)

마음 속에 지키는 것의 핵심은 손목에 매고 미간에 붙이듯이 계속 눈에 띄게 하는 것이었습니다. 더불어 집의 문설주와 바깥 문에도 기록하고 계속 이 말씀을 읽으면서 강론하는 것이었습니다. '계속'과 '날마다'가 마음을 지키는 방법이었습니다.

동시에 중요한 것이 있었습니다. 수없이 반복하는 강조이지만 "바로 보며", "곧게 살펴", "좌로나 우로나 치우치지" 않는 것입니다.

> "네 눈은 바로 보며 네 눈꺼풀은 네 앞을 곧게 살펴... 좌로나 우로나 치우치지 말고 네 발을 악에서 떠나게 하라"(잠4:25,27)

결국 마음을 지키고 지혜를 따라 사는 자들에게는 많은 방어 장치들이 있었음을 알 수 있습니다.

> '닳아서 낡은 성경책을 소유한 사람은 무너져 내리지 않는다.'
>
> (찰스 스펄전)

늘 쉬지 않는 하나님과의 교제, 예배하는 교회, 격려와 권면이 이뤄지는 공동체, 그리고 깊은 영적 교제로 이뤄진 선한 믿음의 친구들과 리더가 있는 삶, 그들은 그런 사람이었습니다. 우리에게도 있어야 할 요소들입니다.

> '나의 마음을 지키는 방어 장치들이 있습니까? 어떤 것들인지 적어 보십시오.'

* Meditatio 묵상

오늘 말씀을 통하여 깨닫게 된 것을 짧게 적어보십시오.

하나님의 사람으로 명예를 상실하지 말라

* Lexio 읽기 / 잠언 5:1–10

가능하면 오늘의 본문을 먼저 읽는 것이 좋지만 바로 아래 글을 읽어도 좋습니다. 충분히 본문을 이해하도록 배려하며 글을 썼습니다. 혹시 본문을 읽으신 분은 감동이 오는 말씀이나 단어 혹은 느낌을 간단히 적으시면 좋습니다.

> "내 아들아 내 지혜에 주의하며 내 명철에 네 귀를 기울여서 근신
> 을 지키며 네 입술로 지식을 지키도록 하라"(잠5:1–2)

'네 입술로 지식을 지킨다'는 표현의 "네 입술"은 이어지는 "음녀의 입술"이란 표현과 대구를 이룹니다. 그러므로 단순히 '말'을 의미 하는 것 보다 '음란한 욕구'가 포함된 표현임을 알 수 있습니다.

분명히 결혼과 부부생활이라는 정황을 두고 본문이 기록된 것이 확실하지만 지혜와 세상적 지혜를 비유적으로 설명하고 있다고 볼 수 있습니다. '음녀의 입술처럼 세상적 지식과 욕구의 속삭임도 달콤하다.' 그런 뜻입니다.

> "대저 음녀의 입술은 꿀을 떨어뜨리며 그의 입은 기름보다 미끄
> 러우나 나중은 쑥 같이 쓰고 두 날 가진 칼 같이 날카로우며"
>
> (잠5:3–4)

더 심각한 것은 "명예"(쉬운성경/잠5:9)를 빼앗기고, 결국 모든 것을 잃게 될 수도 있다는 것입니다. 사실 많은 범죄들 중에 가장 치욕적인 것이 간음과 관계된 것입니다. 아무리 높은 위치에 오른 자들이라도 성적인 범죄 앞에 서면 명예는 상실됩니다. 존재하지만 모든 권위가 상실되고 맙니다.

하나님 앞에서도 마찬가지입니다. 하나님의 사람으로 명예를 지키는 것은 중요합니다. 아내를 가진 자가 창녀촌을 기웃거려서는 안 되듯이 하나님의 사람이 세상을 기웃거려서는 안 되는 것입니다. 그 달콤한 것들에 현혹되어서는 안 됩니다. 그때 명예는 상실 될 것입니다. 존재하지만 죽은 자가 될 것입니다.

이제 필요한 것은 멀리 하는 것입니다. 매우 의도적으로 멀리 하는 것입니다.

> "아들들아, 너희는 이제 내 말을 들어라. 내 입에서 떨어지는 말을 버리지 말아라. 그런 여자에게서 될수록 멀리 떨어지고 그 집 가까이 가지도 말아라."(공동번역/잠5:7-8)

'하나님의 사람으로서의 명예는 소중합니다. 정절을 지키는 것은 중요합니다. 그렇지 않습니까?'

* Meditatio 묵상
오늘 말씀을 통하여 깨닫게 된 것을 짧게 적어보십시오.

네 샘에서 흐르는 물을 항상 족하게 여기라

* Lexio 읽기 / 잠언 5:11-23

가능하면 오늘의 본문을 먼저 읽는 것이 좋지만 바로 아래 글을 읽어도 좋습니다. 충분히 본문을 이해하도록 배려하며 글을 썼습니다. 혹시 본문을 읽으신 분은 감동이 오는 말씀이나 단어 혹은 느낌을 간단히 적으시면 좋습니다.

> "그런 여자에게서 될수록 멀리 떨어지고 그 집 가까이 가지도 말
> 아라."(공동번역/잠5:8)

비유적으로 지혜를 여자와 음녀로 빗대어 이야기하던 잠언 기자가 매우 현실적으로 결혼생활과 부부관계에 대한 이야기를 꺼냈습니다.

> "너는 네 우물에서 물을 마시며 네 샘에서 흐르는 물을 마시라"
> (잠5:15)

은유적으로 표현하였지만 부부관계는 오로지 한 남자와 한 여자와의 관계여야 한다고 말한 것입니다.

> "그는 사랑스러운 암사슴 같고 아름다운 암노루 같으니 너는 그
> 의 품을 항상 족하게 여기며 그의 사랑을 항상 연모하라"(잠5:19)

당연한 이야기지만 참 힘든 이야기이기도 합니다. 어느 시대에나 넘쳐났던 현실은 그렇지 않았기 때문입니다. 오늘 우리가 살고 있는 시대

만 보더라도 수많은 모텔이 지나친 성(性)의 문제를 말해줍니다. 어느 사이엔가 더 이상 간통죄는 의미 없다고 판결하였습니다. 일반화되었다는 뜻이기도 합니다. 매우 유혹적이고 쉽게 무너질 수 있는 시대라는 말입니다. 잠언 기자는 그것을 인정하고 이런 표현을 쓴 것입니다. "항상 족하게 여기며."

결국 '육체적인 만족과 세속적인 쾌락을 좇아 사는 것만이 궁극적인 행복인가?' 하고 묻고 있는 것입니다. 더 나아가 하나님의 자녀로서의 정체성을 묻습니다. 과연 '그럴 만큼 절박한 것인가?' 하는 질문으로 말입니다.

> "내 아들아, 네가 무엇 때문에 음란한 여자에게 정을 주어야 하며
> 남의 아내 가슴을 안아야 하겠느냐?"(현대인의성경/잠5:20)

결국 음란의 문제는 신앙의 문제입니다. 무엇인가에 더 의존하고 싶다면 영적 미성숙의 문제입니다. 우리가 더욱 하나님을 추구하고 하나님을 생각해야 하는 이유입니다.

> "대저 사람의 길은 여호와의 눈 앞에 있나니"(잠5:21)

'우리가 성숙을 추구해야 하는 이유입니다. 미성숙은 빈틈을 말하기 때문입니다.'

* Meditatio 묵상
오늘 말씀을 통하여 깨닫게 된 것을 짧게 적어보십시오.

게으름도 악이라

* Lexio 읽기 / 잠언 6:1-11
가능하면 오늘의 본문을 먼저 읽는 것이 좋지만 바로 아래 글을 읽어도 좋습니다. 충분히 본
문을 이해하도록 배려하며 글을 썼습니다. 혹시 본문을 읽으신 분은 감동이 오는 말씀이나
단어 혹은 느낌을 간단히 적으시면 좋습니다.

> "게으른 자는 개미에게 가서 그 사는 모습을 보고 지혜를 깨쳐
> 라."(공동번역/잠6:6)

여기서 게으르다는 말은 놀기를 좋아하고 일하기를 싫어하는 그런
통상적인 게으름의 의미라고 규정할 수는 없습니다. 잠언서 전체 문맥
을 볼 때 게으르다는 말은 지혜를 찾는 것에, 즉 하나님을 알고 믿는 것
에 게으르다는 의미를 내포하고 있음을 알 수 있습니다.

주님께서 하신 이야기 중에 달란트 비유가 있습니다. 한 달란트, 두
달란트, 다섯 달란트를 세 명의 종에게 맡기고 관리케 한 후에 나중 결
과를 보고받을 때였습니다. 두 달란트와 다섯 달란트를 받은 종들은 두
배를 남겼지만 한 달란트 받은 종은 땅에 파묻어 두었다가 그냥 주인에
게 돌려주었습니다. 주님은 매우 단호한 어조로 "악하고 게으른 종"(마
25:26)이라고 평가하였습니다.

여기서 우리가 주의해야 할 것은 주님이 악한 것과 게으른 것을 동일

시한 부분입니다. 잠언 전체 주제로 이 부분을 읽는다면 하나님 알기를 게을리 하는 것도, 나태한 신앙을 갖고 있는 것도 악한 것임을 알 수 있습니다.

"여호와의 일을 게을리하는 사람은 저주를 받을 것이다!"

(우리말성경/렘48:10)

그렇다면 어떤 모습이 게으르지 않은 것입니까? 잠언 기자는 개미에게서 배울 것을 요청하는데 핵심은 이것입니다.

"개미는 두령도 없고 감독자도 없고 통치자도 없으되 먹을 것을 여름 동안에 예비하며 추수 때에 양식을 모으느니라"(잠6:7-8)

누가 보든 안 보든 의미가 없습니다. 그것은 내가 해야 할 과제이기 때문입니다. 이 사람을 하나님께서 쓰시는 것이 당연하지 않겠습니까?

"'좀더 자자, 좀더 졸자, 손을 모으고 좀더 누워 있자'(잠6:10)라고 말하며 사는 것은 게으른 것이지만 동시에 악한 것입니다. 자신을 방임하는 것이기 때문입니다. 늘 주의해야 합니다. 아무도 보지 않을 때 나를 돌아봐야 합니다. 그런 관점에서 나는 어떤 모습입니까?'

* Meditatio 묵상
오늘 말씀을 통하여 깨닫게 된 것을 짧게 적어보십시오.

악한 자들의 모습은 조금도 닮지 말라

* Lexio 읽기 / 잠언 6:12–19

가능하면 오늘의 본문을 먼저 읽는 것이 좋지만 바로 아래 글을 읽어도 좋습니다. 충분히 본문을 이해하도록 배려하며 글을 썼습니다. 혹시 본문을 읽으신 분은 감동이 오는 말씀이나 단어 혹은 느낌을 간단히 적으시면 좋습니다.

"불량하고 악한 자는 구부러진 말을 하고 다니며… 그의 마음에
패역을 품으며 항상 악을 꾀하여 다툼을 일으키는 자라"(잠6:12,14)

이들이 가지고 있는 것은 '의도성'입니다. 마음 안에 선한 것이 지배적 가치로 자리 잡고 있지 않은 상태입니다. 이들 안에는 하나님이 미워하시는 것들, 그것들 중에 일곱 가지 정도가 들어있는 사람들입니다.

"교만한 눈과 거짓된 혀와 무죄한 자의 피를 흘리는 손과 악한 계
교를 꾀하는 마음과 빨리 악으로 달려가는 발과 거짓을 말하는
망령된 증인과 및 형제 사이를 이간하는 자"(잠6:17-19)

이런 모습의 사람을 잠언 기자는 "불량하고 악한 자"라고 규정합니다. 이 말의 히브리적인 뜻은 무가치한 자, 혹은 우상 숭배자, 적그리스도라는 의미를 갖습니다. 더 이상 회복되기 힘든 사람들이라는 말입니다.

바울은 이 같은 자를 '믿음에서 떠나 미혹케 하는 영과 귀신의 가르침을 좇는... 자기 양심이 화인 맞은 자'(개역한글/딤전4:1-2)라고 규정하였습니다. 이들의 미래는 하나님의 심판으로 마감될 것입니다. 당장에는 이기는 것처럼 보여도 말입니다.

> "그러므로 그의 재앙이 갑자기 내려 당장에 멸망하여 살릴 길이
> 없으리라"(잠6:15)

이제 돌아봐야 할 것은 우리들 자신입니다. 혹시 우리 안에 불량하고 악한 자들이 가지고 있는 의도적 죄의 성향이 있는 것은 아닌지 말입니다.

- 교만한 경향은 없는가?
- 슬그머니 거짓을 말하지는 않는가?
- 잘못이 없는 자에게 책임전가하지는 않는가?
- 악한 계획에 노출되지는 않는가?
- 악한 일에 즐거워한 적은 없는가?
- 거짓을 사용하여 자신을 의롭게 포장한 적은 없는가?
- 친구 사이를 이간질하는 경향은 없는가?

'주의! 유사한 것이라도 지니지 마십시오.'

* Meditatio 묵상
오늘 말씀을 통하여 깨닫게 된 것을 짧게 적어보십시오.

제3부

하나님을 두려워함이 시작이다

하나님의 사람임을 사람들 앞에서 드러내라

* Lexio 읽기 / 잠언 6:20-26

가능하면 오늘의 본문을 먼저 읽는 것이 좋지만 바로 아래 글을 읽어도 좋습니다. 충분히 본문을 이해하도록 배려하며 글을 썼습니다. 혹시 본문을 읽으신 분은 감동이 오는 말씀이나 단어 혹은 느낌을 간단히 적으시면 좋습니다.

"너는 그런 여자의 아름다움을 탐내지 말고, 그 눈길에 매혹당하지 마라."(쉬운성경/잠6:25)

솔로몬은 자신의 삶을 묵상하면서 이 잠언을 썼을 것으로 여겨집니다. 이미 읽은 것처럼 그가 걸어왔던 삶의 가장 어려운 부분을 솔직하게 그리고 매우 구체적으로 묘사하고 있는 것을 보면 말입니다.

사실 솔로몬의 멸망은 이방 여인의 아름다운 색을 탐하는 것과 밀접하게 관련이 있습니다. 처음에 솔로몬은 왕국이 튼튼하기 위한 의도로 다른 나라와 주로 결혼 동맹의 방법을 택하였습니다. 그래서 솔로몬에게는 많은 아내들이 있었습니다. 대부분이 이방 여인이었던 그 수는 후궁이 700명, 첩이 300명에 달했었습니다(왕상11:3). 나라가 안정되면서 처음의 의도와 달리 솔로몬은 여인들에게 빠지게 되었고, 그 결과로 솔로몬은 그 여인들이 믿고 있던 수많은 신들을 허용할 뿐만 아니라 그 이방신들을 위한 신전을 짓는 것까지 묵과하는 결과를 낳습니다. 이것으로 끝난 것은 물론 아닙니다. 결국 솔로몬은 하나님마저 버리는 극단의 죄에 이르게 됩니다.

> "솔로몬이 마음을 돌려 이스라엘의 하나님 여호와를 떠나므로 여
> 호와께서 그에게 진노하시니라"(왕상11:9)

솔로몬은 이미 자기 자신이 밝힌 "불량하고 악한 자"(잠6:12)가 된 것입니다. 이 같은 것을 알고 있었을 솔로몬이 자신의 아들에게 강하게 요청하고 있는 것입니다.

> "내 아들아 네 아비의 명령을 지키며 네 어미의 법을 떠나지 말고
> 그것을 항상 네 마음에 새기며 네 목에 매라"(잠6:20-21)

'마치 끌로 파서 새겨 넣듯이 마음에 지혜를 새겨라, 그리고 분명하게 목에 매므로 많은 사람들 앞에서 공개적으로 자신이 어떤 존재이며 어떤 태도를 가지고 있는지를 선언하라'고 요청하고 있는 것입니다. 정말 유혹에 빠지기 쉬운 일임을 알기 때문입니다.

'당신은 자신이 크리스천임을 사람들 앞에서 분명히 밝히고 계십니까? 그렇게 해보십시오.'

* Meditatio 묵상
오늘 말씀을 통하여 깨닫게 된 것을 짧게 적어보십시오.

불이 붙었을지라도 불을 품지 말라

* Lexio 읽기 / 잠언 6:27-35
가능하면 오늘의 본문을 먼저 읽는 것이 좋지만 바로 아래 글을 읽어도 좋습니다. 충분히 본
문을 이해하도록 배려하며 글을 썼습니다. 혹시 본문을 읽으신 분은 감동이 오는 말씀이나
단어 혹은 느낌을 간단히 적으시면 좋습니다.

"너는 그런 여자의 아름다움을 탐내지 말고, 그 눈길에 매혹당하
지 마라."(쉬운성경/잠6:25)

탐내고 매혹 당했다면 불이 붙은 것입니다. 이미 시작된 것입니다.
그렇게 다윗은 밧세바를 봤을 때 참을 수 없었습니다. 그녀의 아름다움
이 그를 사로잡은 것입니다.

우리 시대에 가득한 아름다움이기도 합니다. 뒤를 돌아서면 가득한
유혹입니다. 어느 날부터인가 아름다움을 추구하는 것은 죄로 표기되
지 않기 시작했습니다. 잠언 기자가 강조하는 것처럼 피하고 멀리하는
것도 한계점에 이른 것이 사실입니다. 그래서 다른 삶의 방식이 필요한
것입니다.

"사람이 불을 품에 품고서야 어찌 그의 옷이 타지 아니하겠으며
사람이 숯불을 밟고서야 어찌 그의 발이 데지 아니하겠느냐"

(잠6:27-28)

불이 붙었을지라도 불을 품지 말라는 것입니다. 품고 가지 말라는 것입니다. 다윗이 만났던 결론처럼 옷이 타는 것, 사람이 망하는 것은 당연한 일이기 때문입니다.

우리도 지금 우리에게 불을 붙이는 세상에 있다는 것을 잊어서는 안 됩니다. 벌써 불이 붙었는지도 모릅니다.

재미있는 예를 잠언 기자가 들었습니다. 남의 아내와 간통하다가 들켜 어떻게 망하는지를 말입니다.

> "그처럼 남의 아내와 간통하는 것은 미련한 짓이다. 남의 아내를
> 범하는 것은 제 목숨을 끊는 짓이다. 맞아 터지고 멸시를 받으며
> 씻을 수 없는 수모를 받게 된다."(공동번역/잠6:32-33)

이미 불이 붙은 자는 꺼야 하고, 아직 불이 붙지 않은 자는 주의해야 합니다. 그리고 다른 삶의 방식을 택해야 합니다.

> "내 아들아 네 아비의 명령을 지키며 네 어미의 법을 떠나지 말고
> 그것을 항상 네 마음에 새기며 네 목에 매라 그것이 네가 다닐 때
> 에 너를 인도하며 네가 잘 때에 너를 보호하며 네가 깰 때에 너와
> 더불어 말하리니"(잠6:20-22)

'하나님의 말씀을 목에 매십시오. 드러내십시오.'

* Meditatio 묵상
오늘 말씀을 통하여 깨닫게 된 것을 짧게 적어보십시오.

정신 나간 멍청한 크리스천이 되지 말라

* Lexio 읽기 / 잠언 7:1-15
가능하면 오늘의 본문을 먼저 읽는 것이 좋지만 바로 아래 글을 읽어도 좋습니다. 충분히 본문을 이해하도록 배려하며 글을 썼습니다. 혹시 본문을 읽으신 분은 감동이 오는 말씀이나 단어 혹은 느낌을 간단히 적으시면 좋습니다.

"내 아들아 내 말을 지키며 내 계명을 간직하라 내 계명을 지켜 살며 내 법을 네 눈동자처럼 지키라 이것을 네 손가락에 매며 이것을 네 마음판에 새기라"(잠7:1-3)

불이 붙지 않기 위함이며 혹 불이 붙었을지라도 끄기 위함입니다. 온 세상에 가득한 불 앞에서 말입니다.

한 청년이 있었습니다. 그는 한밤중에 아무도 몰래 은밀하게 집 밖을 나섰습니다. 아무도 보는 사람이 없으리라고 생각하고 하나님을 잊어버린 채 자신을 죄에 노출시켜 버린 것입니다. 의도적으로 죄를 범하려고 한 것은 아니지만 은근히 죄에게 자신을 방치한 것입니다.

그때 한 음녀가 그 청년에게 나타났습니다. 그 여자는 놀랍게도 하나님을 믿는 사람이었습니다. 그런데 남편이 출장을 간 틈을 타서(잠7:19) 육신의 만족을 얻기 위하여 다른 남자를 찾기 위하여 세상으로 걸어 나온 것이었습니다. 여기서 주의할 것은 그녀가 화목제를 드리고 하나님께 서원을 드린 결과로 이 남자를 만났다고 여기는 것입니다. 그녀는 자신의 음란한 행위도 하나님이 도와주신다고 생각하고 있던 것입니다.

> "내가 화목제를 드려 서원한 것을 오늘 갚았노라 이러므로 내가
> 너를 맞으려고 나와 네 얼굴을 찾다가 너를 만났도다"(잠7:14-15)

기막힌 노릇입니다. 그 말을 들은 청년은 그 음란한 여자를 좇아갔습니다. 한 번역본에서 말한 것처럼 그는 "정신 나간 젊은이"(쉬운성경/잠7:7)였습니다. 만일 그 여자가 단순히 창녀였다면 그 청년은 넘어가지 않았을지도 모르지만 종교의 가면을 쓴 음녀였기에 쉽게 넘어가고 만 것입니다. 우리는 여기서 종교적 음녀들이 있음을 기억해야 합니다. 자신의 뜻대로 하나님을 이용하고 왜곡하는 종교적 음녀들, 우리가 경계해야 할 이들입니다.

이미 붕괴되어가는 교회, 신앙윤리, 왜곡된 종교와 신앙 앞에 분별력마저 사라졌는지도 모릅니다. 교회와 세상의 경계선이 무너져 내리는 현상이 일반화되는 것처럼 말입니다. 어찌 할 것입니까?

'정신 나간 멍청한 크리스천이 되어서는 안 됩니다. 정신을 바짝 차려야 합니다. 아시겠습니까?'

* Meditatio 묵상
오늘 말씀을 통하여 깨닫게 된 것을 짧게 적어보십시오.

변질되고 세속화된 기독교에서 벗어나라

* Lexio 읽기 / 잠언 7:16–27

가능하면 오늘의 본문을 먼저 읽는 것이 좋지만 바로 아래 글을 읽어도 좋습니다. 충분히 본문을 이해하도록 배려하며 글을 썼습니다. 혹시 본문을 읽으신 분은 감동이 오는 말씀이나 단어 혹은 느낌을 간단히 적으시면 좋습니다.

"내가 화목제를 드려 서원한 것을 오늘 갚았노라 이러므로 내가

너를 맞으려고 나와 네 얼굴을 찾다가 너를 만났도다"(잠7:14-15)

이 따위 속삭임에 그 멍청한 청년은 넘어가고 말았습니다. 더 놀라운 것은 이어지는 음녀의 속삭임이었습니다.

"내 침상에는 요와 애굽의 무늬 있는 이불을 폈고 몰약과 침향과

계피를 뿌렸노라 오라 우리가 아침까지 흡족하게 서로 사랑하며

사랑함으로 희락하자"(잠7:16-18)

실제의 음란과 악으로 들어가는 것이었습니다. 그녀의 설명에 더 솔 깃해진 것입니다. 그러니까 음녀가 말하는 세상이 좋았던 것입니다. 그 쾌락을 누리고 싶었던 것입니다. 소위 번영신학입니다. 세속화되고 변 질된 거짓 선지자들의 달콤한 메시지에 길들여져 사는 것입니다.

이제 우리의 신앙이 어떤지 봐야 합니다. 이 정도로 흔들리는 영성

이어서는 안 됩니다. 이렇게 살 수는 없습니다. 그런데 그 음녀를 좇아가는 청년은 이미 죽은 것과 같았습니다. 잠언 기자는 자신이 죽을 줄 모른 채 도수장으로 끌려가는 소로 그 멍청한 청년을 비유하였습니다.

> "젊은이가 곧 그를 따랐으니 소가 도수장으로 가는 것 같고 미련한 자가 벌을 받으려고 쇠사슬에 매이러 가는 것과 같도다 필경은 화살이 그 간을 뚫게 되리라"(잠7:22-23)

우리의 문제는 흔들리는데 있습니다. 당연히 말씀 가운데 분명히 서 있지 않기 때문입니다. 그 말씀으로 목에 매고 다니기라도 해야 하는데 말입니다. 다시 읽을 필요가 있습니다. 단단히 다짐해야 합니다. 오죽이나 했으면 목에 매라고 했겠습니까?

> "그것을 항상 네 마음에 새기며 네 목에 매라 그것이 네가 다닐 때에 너를 인도하며 네가 잘 때에 너를 보호하며 네가 깰 때에 너와 더불어 말하리니"(잠6:21-22)

'세속화된 가르침과 잘못된 번영신학에 물들지 않기 위해서라도 말씀에 거해야 합니다. 정직한 해석에 들어설 만큼 성숙해야 합니다.'

---

* Meditatio 묵상
오늘 말씀을 통하여 깨닫게 된 것을 짧게 적어보십시오.

물질이 아무리 소중해도 지혜에 비하랴

* Lexio 읽기 / 잠언 8:1–11
가능하면 오늘의 본문을 먼저 읽는 것이 좋지만 바로 아래 글을 읽어도 좋습니다. 충분히 본문을 이해하도록 배려하며 글을 썼습니다. 혹시 본문을 읽으신 분은 감동이 오는 말씀이나 단어 혹은 느낌을 간단히 적으시면 좋습니다.

> "지혜가 부르지 아니하느냐 명철이 소리를 높이지 아니하느냐 그가 길 가의 높은 곳과 네거리에 서며 성문 곁과 문 어귀와 여러 출입하는 문에서 불러 이르되"(잠8:1–3)

뒷골목에서 슬그머니 나오는 음녀의 유혹과 달리 하나님으로부터 나온 지혜는 온 우주 만물 모든 구석구석에, 삶 속에 계시되어 있다고 잠언 기자는 말합니다. "길 가의 높은 곳과 네거리"와 "성문 곁과 문 어귀와 여러 출입하는 문", 그 어디에서든지 우리는 능히 하나님을 알 수 있습니다. 하지만 우리는 여전히 무지합니다. 당연히 지혜를 구하지 않기 때문입니다.

그렇다면 이처럼 많은 경로를 통하여 우리에게 말하고 있음에도 불구하고 우리가 지혜를 찾지 않고 하나님을 아는 일에 관심을 갖지 않는 어리석음과 우둔함에 빠지는 이유는 무엇입니까?

잠언 기자는 우리가 은과 정금 그리고 진주, 즉 물질에 관심을 갖고 사는 삶의 태도 때문이라고 지적합니다. '물질적이다!' 당연히 하나님에 대한 관심보다 세상적인 관심에 더 기울어졌기 때문입니다. 물론 물질이 나쁜 것은 아닙니다. 하지만 물질에 대한 관심이 가장 우선적인 가치이신 하나님에게서 멀어지도록 한 것입니다.

하나님은 물질을 미워하시지 않습니다. 역설적이지만 하나님께 우선 가치를 둔 사람들에게 물질은 하나님이 일하시는 통로가 되기에 하나님은 그들에게 물질을 주십니다. 매우 당연한 일입니다.

> "부귀와 영예, 수많은 재물과 형통함도 내게 있다... 나를 사랑하는 자들에게 엄청난 재물을 주어 그들의 금고를 가득 채워 준다."(쉬운성경/잠8:18,21)

하지만 물질이 우선일 수 없습니다. 지혜의 고결한 아름다움 때문이고 그 어떤 것과 비교할 수 없기 때문입니다.

> "지혜는 붉은 산호보다도 값진 것, 네가 원하는 그 무엇을 이에 비하랴."(공동번역/잠8:11)

'하나님을 아는 것의 아름다움을 아십니까? 그 어떤 것과도 비교할 수 없는 고결함을 아십니까?'

* Meditatio 묵상
오늘 말씀을 통하여 깨닫게 된 것을 짧게 적어보십시오.

하나님을 전심으로 사랑하라

* Lexio 읽기 / 잠언 8:12–17

가능하면 오늘의 본문을 먼저 읽는 것이 좋지만 바로 아래 글을 읽어도 좋습니다. 충분히 본문을 이해하도록 배려하며 글을 썼습니다. 혹시 본문을 읽으신 분은 감동이 오는 말씀이나 단어 혹은 느낌을 간단히 적으시면 좋습니다.

> "여호와를 경외하는 것이 지식의 근본이거늘 미련한 자는 지혜와
>
> 훈계를 멸시하느니라"(잠1:7)

다시 풀어 쓰면 '여호와를 두려워하는 것(NIV/the fear of the LORD)이 하나님을 아는 것의 시작이다'라 번역할 수 있습니다.

'하나님을 두려워하는 것이 중요하다.' 왜 그렇습니까? 당연히 우리가 죄 된 존재이기 때문입니다. 천박하고 불의한 존재이기 때문입니다. 그런 까닭에 여호와를 두려워하는 자들은 악을 미워할 수밖에 없습니다.

> "여호와를 경외하는 것은 악을 미워하는 것이라"(잠8:13)

그런데 우리는 악과 죄를 즐깁니다. 미워한다고 말하지만 실제적인 삶은 악과 죄를 즐기고 있는 자신을 경험합니다. 이때 가장 위험한 것은 말 그대로 즐기는 것입니다. 만약 그렇다면 이미 하나님과 상관없거

72

나 하나님을 전혀 인지할 수 없는 절벽 같은 존재임을 드러내는 것이기 때문입니다.

대부분의 경우 미성숙과 관계있습니다. 이길만한 힘이 없기 때문입니다. 주님이 안타까워하신 부분입니다.

"마음에는 원이로되 육신이 약하도다"(마26:41)

우리도 악을 미워하고, 악에서 돌아서길 원합니다. 하나님을 추구하고자 합니다. 하지만 약한 우리는 이길만한 힘이 없습니다. 하지만 부족해도 그것이 구도적 삶이고, 하나님을 사랑하는 것입니다. 바로 그때 하나님이 우리를 긍휼히 여기시고 우리를 더욱 불쌍히 여기시는 것입니다. 그것을 잠언 기자는 이렇게 말하였습니다.

"나를 사랑하는 자들이 나의 사랑을 입으며 나를 간절히 찾는 자
가 나를 만날 것이니라"(잠8:17)

하나님을 전심으로 사랑하는 자들에게 새로운 길이 열리는 이유입니다. 여기저기서, 세상천지에서 하나님을 경험하고 깨닫는 이유입니다.

'하나님을 사랑하십니까? 진심으로 세상 그 어떤 것보다 하나님을 사랑하십니까?'

* Meditatio 묵상
오늘 말씀을 통하여 깨닫게 된 것을 짧게 적어보십시오.

주님을 사랑하는 자들이 지혜로운 자들이다

* Lexio 읽기 / 잠언 8:22-31
가능하면 오늘의 본문을 먼저 읽는 것이 좋지만 바로 아래 글을 읽어도 좋습니다. 충분히 본문을 이해하도록 배려하며 글을 썼습니다. 혹시 본문을 읽으신 분은 감동이 오는 말씀이나 단어 혹은 느낌을 간단히 적으시면 좋습니다.

"지혜가 부르지 아니하느냐 명철이 소리를 높이지 아니하느냐...
사람들아 내가 너희를 부르며 내가 인자들에게 소리를 높이노
라"(잠8:1,4)

이 말씀은 지혜의 개방성과 편재성, 즉 하나님을 아는 지식의 통로는 어디에나 열려 있다는 뜻입니다. 그러나 하나님을 아는 통로의 편재성(遍在性/어디에나 두루 노출되어 있음)에도 불구하고 어리석은 사람들의 편협한 추구로는 만날 수 없습니다. 그래서 어디서든 지혜, 하나님을 아는 계시가 드러나지만 그 깨달음을 경험할 수 없는 것입니다.

특별한 계시가 필요한 이유입니다. 그래서 하나님은 계시의 근원이시며 지혜 자체이신 예수 그리스도를 우리에게 보내신 것입니다. 계시의 현현(顯現/명백하게 드러남)입니다. 그 놀라운 비밀을 22절부터 31절까지 자세히 기록하였습니다. 우선 세상이 창조되기 이전부터 존재했음을 말합니다.

"여호와께서 그 조화의 시작 곧 태초에 일하시기 전에 나를 가지
셨으며 만세 전부터, 태초부터, 땅이 생기기 전부터 내가 세움을
받았나니"(잠8:22-23)

드디어 매우 중요한 설명을 합니다. 바로 그 지혜가 창조자로 하나님
과 함께 창조에 참여했다는 묘사입니다. 지혜가 예수 그리스도이심을
드러내는 부분입니다. 이처럼 예수 그리스도로 특별히 우리에게 드러
나셨습니다. 그러나 잊지 말아야 할 것은 하나님이 창조하신 까닭에 이
세상에 하나님이 가득하시다는 것입니다.

"창세로부터 그의 보이지 아니하는 것들 곧 그의 영원하신 능력
과 신성이 그가 만드신 만물에 분명히 보여 알려졌나니 그러므로
그들이 핑계하지 못할지니라"(롬1:20)

하나님은 어디에서나 가득하십니다. 이미 그리스도 예수를 통하여
드러내셨습니다. 그 예수를 아는 순간 우리는 세상에 가득한 하나님을
인식할 것입니다. 지혜가 하는 일입니다.

'주님을 사랑하는 자들이 하나님을 알고 인식하는 길이 열리는 것은
당연합니다. 예수 그리스도가 바로 지혜 자체이시기 때문입니다. 놀랍
지 않습니까?'

* Meditatio 묵상
오늘 말씀을 통하여 깨닫게 된 것을 짧게 적어보십시오.

지혜로운 자들에게 부요가 임할 수 있다

* Lexio 읽기 / 잠언 8:14-21

가능하면 오늘의 본문을 먼저 읽는 것이 좋지만 바로 아래 글을 읽어도 좋습니다. 충분히 본문을 이해하도록 배려하며 글을 썼습니다. 혹시 본문을 읽으신 분은 감동이 오는 말씀이나 단어 혹은 느낌을 간단히 적으시면 좋습니다.

- -

- -

> "나 지혜는 명철로 주소를 삼으며 지식과 근신을 찾아 얻나니...
> 내게는 계략과 참 지식이 있으며 나는 명철이라"(잠8:12,14)

이미 살핀 것처럼 근원적 지혜는 하나님과 함께 "창조자"로 계셨습니다. 꽤 긴 부분을 할애해서 설명하였습니다.

> "그가 하늘을 지으시며 궁창을 해면에 두르실 때에 내가 거기 있
> 었고... 내가 그 곁에 있어서 창조자가 되어 날마다 그의 기뻐하
> 신 바가 되었으며"(잠8:27,30)

그런데 이러한 창조의 설명이 있기 전에 재미있는 이야기를 말씀하셨습니다. 약간 의아할 수 있습니다.

> "부귀와 영화도 내게 있으며, 든든한 재물과 의도 내게 있다...
> 나를 사랑하는 사람에게는 내가 재물을 주어서, 그의 금고가 가
> 득 차게 하여 줄 것이다."(새번역/잠8:18,21)

물론 보충 설명을 통하여 "내 열매는 금이나 정금보다 나으며 내 소득은 순은보다 나으니라"(잠8:19)고 말씀하셨지만 그렇다고 창조의 설명을 하시기 전에 부귀, 영화, 재물, 그리고 금고가 가득 차는 등의 세상적 요소들에 대한 이야기를 하신 것은 의아합니다.

하지만 이 구절은 매우 중요한 이해에 이를 수 있습니다. 하나님을 아는 지식에 이르러 누리는 지혜의 열매는 분명 세상의 어떤 것과도 비교할 수 없는 것이지만 우리가 가난한 삶을 사는 것도 하나님은 원하시지 않는다는 점입니다.

결국 하나님을 믿는 것이 이 세상을 넘어서는 가치이지만 이 세상을 무시하는 삶의 논리를 갖고 있다는 것이 아닙니다. 그런 까닭에 지혜로운 자들에게 임하는 부요가 있는 것입니다. 이율배반적인 표현으로 보이지만 아름다운 의미이기도 합니다.

> "지혜는 진주보다 귀하니 네가 사모하는 모든 것으로도 이에 비교할 수 없도다 그의 오른손에는 장수가 있고 그의 왼손에는 부귀가 있나니"(잠3:15-16)

'부요하지 않아도 주님으로 만족하는 사람이 크리스천입니다. 하지만 부요와 영화도 있을 것입니다. 그러므로 중요한 것은 '어떤 크리스천인가?' 하는 것입니다.'

* Meditatio 묵상
오늘 말씀을 통하여 깨닫게 된 것을 짧게 적어보십시오.

간절한 신앙은 얼마나 아름다운가

* Lexio 읽기 / 잠언 8:32-36

가능하면 오늘의 본문을 먼저 읽는 것이 좋지만 바로 아래 글을 읽어도 좋습니다. 충분히 본문을 이해하도록 배려하며 글을 썼습니다. 혹시 본문을 읽으신 분은 감동이 오는 말씀이나 단어 혹은 느낌을 간단히 적으시면 좋습니다.

"내가 그 곁에 있어서 창조자가 되어 날마다 그의 기뻐하신 바가 되었으며 항상 그 앞에서 즐거워하였으며 사람이 거처할 땅에서 즐거워하며 인자들을(새번역/그분이 지으신 사람들을) 기뻐하였느니라"(잠8:30-31)

지혜의 근원이신 예수 그리스도는 하나님께서 천지를 창조하실 때에 하나님 곁에서 "창조자"로 함께 참여하셨습니다. 창조 때부터 주님은 우리를 인하여 날마다 기뻐하셨고 항상 하나님 앞에서 즐거워하셨습니다. 우리는 주님의 기쁨이었고 즐거움이었습니다.

이렇게 우리를 기뻐하셨고 사랑하셨기 때문에 우리가 죄 가운데 있을 때 우리에 대한 자신의 사랑을 나타내신 것입니다. 그런 까닭에 예수님이 십자가에 못 박히실 때 하나님의 사랑은 빛나게 드러난 것입니다.

"우리가 아직 죄인 되었을 때에 그리스도께서 우리를 위하여 죽

으심으로 하나님께서 우리에 대한 자기의 사랑을 확증하셨느니
라"(롬5:8)

하지만 문제는 이처럼 기막힌 사랑을 우리가 모른다는 점입니다. 그
분은 우리에게 이렇게 말씀하십니다.

"누구든지 내게 들으며 날마다 내 문 곁에서 기다리며 문설주 옆
에서 기다리는 자는 복이 있나니"(잠8:34)

그렇습니다. 우리가 만약 하나님의 기막힌 사랑을 알고 있다면 그를
사모하며 그를 기다릴 것입니다. 그리하면 하나님이 우리를 위해 이루
어 놓으신 그 엄청난 사랑을 아주 충분하고 넉넉하게 누리게 될 것입
니다.

그런데 우리는 어떻습니까? 사랑하는 애인을 기다리기 위하여 밤이
늦도록 그 집 앞을 서성이고 밤을 뜬 눈으로 세우는 기다림은 있지만
그 분을 만나기 위한 사모함과 기다림은 없습니다. 기다림이 없는 신
앙, 우리의 모습입니다.

'그렇다면 주님을 사모하여 날마다 기다리며, 그 분으로 인해 잠을
이루지 못하는 사람들은 얼마나 아름다운 사람들입니까?'

* Meditatio 묵상
오늘 말씀을 통하여 깨닫게 된 것을 짧게 적어보십시오.

지혜 있는 자에게 교훈을 더하라

* Lexio 읽기 / 잠언 9:1–9

가능하면 오늘의 본문을 먼저 읽는 것이 좋지만 바로 아래 글을 읽어도 좋습니다. 충분히 본문을 이해하도록 배려하며 글을 썼습니다. 혹시 본문을 읽으신 분은 감동이 오는 말씀이나 단어 혹은 느낌을 간단히 적으시면 좋습니다.

　　"거만한 자를 징계하는 자는 도리어 능욕을 받고 악인을 책망하
　　는 자는 도리어 흠이 잡히느니라"(잠9:7)

　책망을 해보면 우리 자신이 거만한지, 아니면 지혜로운지를 알 수 있습니다. 또한 사람들의 책망에 어떻게 반응하는지를 살펴보면 그 사람을 알 수 있습니다. 어리석고 거만한 자를 책망하면 두말할 것도 없이 미움이 발생하기 때문입니다.

　　"거만한 자를 책망하지 말라 그가 너를 미워할까 두려우니라"

　　(잠9:8)

　나는 어떻습니까? 책망에 대한 나의 반응은 어떻습니까? 당연히 지혜 있는 자들은 다릅니다. 책망을 받고 지적을 받으면 오히려 사랑합니다. 자신을 알기 때문입니다.

　　"지혜 있는 자를 책망하라 그가 너를 사랑하리라"(잠9:8)

그것만이 아닙니다. 징계와 책망을 받으며 자신을 돌아봅니다. 교훈을 할 때는 적극적으로 받아들이며 자신을 고칩니다. 지혜 있는 자들이 새로워지고 더 지혜로워지는 이유입니다.

> "지혜 있는 자에게 교훈을 더하라 그가 더욱 지혜로워질 것이요
> 의로운 사람을 가르치라 그의 학식이 더하리라"(잠9:9)

우리가 하나님의 통치를 받으며 깨달음이 있는 삶을 살고 있다면 매일 새로워질 수밖에 없습니다. 그러므로 시간이 지나는데도 우리가 지혜로워지지 않는다면 우리가 거만한 것은 아닌지 돌아봐야 합니다. 우리가 책망을 싫어하는 것은 아닌지 생각해봐야 합니다.

"지혜 있는 자에게 교훈을 더하라!" 이 말씀처럼 지혜로운 자들에게는 책망이든 징계든 받을 때마다 새로운 것이든, 지혜로운 것이든 무엇이든지 더해집니다. 더 풍성해집니다. 더 아름다운 존재가 되어갑니다.

'나는 어떻습니까? 내게 책망과 질책이 주어질 때 나의 태도는 어떻다고 생각하십니까?'

* Meditatio 묵상
오늘 말씀을 통하여 깨닫게 된 것을 짧게 적어보십시오.

81

하나님을 두려워함이 이해의 시작이라

* Lexio 읽기 / 잠언 9:10–18
가능하면 오늘의 본문을 먼저 읽는 것이 좋지만 바로 아래 글을 읽어도 좋습니다. 충분히 본문을 이해하도록 배려하며 글을 썼습니다. 혹시 본문을 읽으신 분은 감동이 오는 말씀이나 단어 혹은 느낌을 간단히 적으시면 좋습니다.

> "여호와를 경외하는 것이 지혜의 근본이요 거룩하신 자를 아는
> 것이 명철이니라"(잠9:10)

이 말씀에는 어떻게 지혜를 얻을 수 있는지에 대한 결정적인 대답이 기록되어 있습니다.

"지혜의 근본"은, 곧 지혜가 시작되는 것(NIV/the beginning of wisdom)은 여호와를 두려워하는 것(NIV/the fear of the LORD)에서부터 시작됩니다.

여호와를 두려워한다는 것은 주의하는 것입니다. 세상을 경망스럽게 혹은 함부로 사는 것이 아니라 하나님을 의식하며 사는 것입니다. 그때 보이지 않던 것들이 보이고 느끼지 못하던 것들이 느껴지는 가능성에 노출된다는 그런 말입니다. '깨닫는다.' 지혜로워지는 것입니다.

그 지혜로 말미암아 거룩한 분이 느껴집니다(NIV/knowledge of the Holy One). 드디어 그 때 거룩하신 분, 곧 여호와 하나님이 이해되기

(NIV/is understanding) 시작하는 것입니다.

그러므로 매우 경건하고 조심스럽게, 그리고 거룩하게 하나님을 의식하며 사는 것은 중요합니다. 그것이 지혜이지만 우리 역시 거룩해질 것입니다. 동시에 흥미로운 일이 벌어진다고 잠언 기자는 말합니다.

> "나 지혜로 말미암아 네가 오래 살 것이요, 네 수명도 길어질 것이다."(새번역/잠9:11)

당연한 일입니다. 하나님을 추구함으로 하나님을 닮아가는 자에게 주어지는 다른 삶의 내용이라 할 수 있습니다.

잠언 기자는 이렇게 아름다운 삶을 말하면서 '어리석은 자'의 이야기를 덧붙였습니다. 미련하고 어리석은 자는 어리석은 소리에 귀를 기울여 행동하는 삶, 다음과 같은 말에 솔깃한 삶이라고 예를 들었습니다. 얼마나 어리석은 것입니까?

> "훔쳐서 마시는 물이 더 달고, 몰래 먹는 빵이 더 맛있다"
> (새번역/잠9:17)

'주의하십니까? 세상을 살면서 멈추고 돌아보고 의식하십니까? 하나님을 의식하십니까?'

* Meditatio 묵상
오늘 말씀을 통하여 깨닫게 된 것을 짧게 적어보십시오.

83

제 4 부

생각없이 살다가 죽을 수도 있다

지혜로운 아들은 아비를 기쁘게 한다

우리가 지금까지 살핀 1장에서 9장까지의 잠언은 지혜가 무엇이며 지혜를 추구해야 하는 이유 등에 대하여 비교적 긴 서술 형태를 띤 짧은 설교들이라고 말한다면, 10장에서부터는 우리들의 삶 속에서 매우 실질적으로 만나는 짧은 경구들을 모아 놓은 것입니다. 대체적으로 10장에서 22장까지 이어지는 이 경구들은 모두 375개로 구성되어져 있고 즉각적으로 우리들의 삶에 적용이 되는 말씀들로 이루어져 있습니다.

> "지혜로운 아들은 아비를 기쁘게 하거니와 미련한 아들은 어미의
> 근심이니라"(잠10:1)

375개의 경구 중 첫 시작이 이 말씀이라는 점에 주의할 필요가 있습니다. 부모를 기쁘게 하기 위해 자식이 효도를 하는 것보다 부모에게 더 중요한 것은 그 자식의 존재됨 자체라는 것입니다.

그렇다면 지혜로운 아들은 어떤 아들입니까? 잠언 기자는 이렇게 설명합니다.

"여름에 거두는 자는 지혜로운 아들이나 추수 때에 자는 자는 부
끄러움을 끼치는 아들이니라"(잠10:5)

불의한 방법으로 재물을 모으는 것이 아니라 옳은 방식으로 삶을 살
고 게으르지 않으며 바른 방법으로 부지런히 사는 사람입니다. 더불어
4절에서는 5절을 보충하여 설명합니다.

"손을 게으르게 놀리는 자는 가난하게 되고 손이 부지런한 자는
부하게 되느니라"(잠10:4)

쉽지 않은 시대이지만 하나님의 사람으로 옳은 길에서 최선을 다해
사는 삶이 중요한 이유입니다. 그것이 진정한 효도이기 때문입니다.

'어떤 삶을 다짐하십니까?'

* Meditatio 묵상
오늘 말씀을 통하여 깨닫게 된 것을 짧게 적어보십시오.

하나님이 주신 지혜로 살아가라

* Lexio 읽기 / 잠언 10:6-16
가능하면 오늘의 본문을 먼저 읽는 것이 좋지만 바로 아래 글을 읽어도 좋습니다. 충분히 본문을 이해하도록 배려하며 글을 썼습니다. 혹시 본문을 읽으신 분은 감동이 오는 말씀이나 단어 혹은 느낌을 간단히 적으시면 좋습니다.

> "여호와께서 의인의 영혼은 주리지 않게 하시나 악인의 소욕은 물리치시느니라"(잠10:3)

'주리지 않게 하시다.' 하나님의 약속입니다. 하나님이 의인을 축복하기를 원하시기 때문입니다.

> "의인의 머리에는 복이 임하나 악인의 입은 독을 머금었느니라"
> (잠10:6)

의인의 삶에 복이 임하는 이유는 하나님이 주신 계명을 좇아 살기 때문입니다. 그것을 당연한 것으로 여깁니다. 미련한 자와 현격히 다른 점입니다.

> "마음이 지혜로운 자는 계명을 받거니와 입이 미련한 자는 멸망하리라"(잠10:8)

그러므로 하나님이 그 길에 평안을 주시고 안전하게 인도하실 것은 자명한 일입니다.

> "바른 길로 행하는 자는 걸음이 평안하려니와 굽은 길로 행하는
> 자는 드러나리라"(잠10:9)

이처럼 하나님의 계명을 두고 바른 길로 행하는 자의 마음에서 나오
는 언어는 생명으로 드러납니다. 사람을 살리는 언어인 것입니다.

> "의인의 입은 생명의 샘이라도 악인의 입은 독을 머금었느니라"
> (잠10:11)

얼마나 아름다운 원리입니까? '하나님의 계명을 따라 바른 길로 걸어
가며 늘 지혜로운 마음으로 하나님의 뜻을 받아들이고 사람을 살리는
언어를 가진 자로 산다는 것!' 이러한 자가 바로 아름다운 사람이고, 의
인입니다. 그리고 이 의인들의 수고가 사람을 살리는 생명이 되는 것입
니다. 아름다운 원리입니다.

> "의인의 수고는 생명에 이르고 악인의 소득은 죄에 이르느니라"
> (잠10:16)

'아름답지 않습니까? 하나님의 지혜를 따라 하나님의 사람으로 사는
것 말입니다.'

* Meditatio 묵상
오늘 말씀을 통하여 깨닫게 된 것을 짧게 적어보십시오.

생각 없이 살다가 죽을 수도 있다

* Lexio 읽기 / 잠언 10:17-21

가능하면 오늘의 본문을 먼저 읽는 것이 좋지만 바로 아래 글을 읽어도 좋습니다. 충분히 본문을 이해하도록 배려하며 글을 썼습니다. 혹시 본문을 읽으신 분은 감동이 오는 말씀이나 단어 혹은 느낌을 간단히 적으시면 좋습니다.

> "지혜로운 자는 지식을 간직하거니와 미련한 자의 입은 멸망에
> 가까우니라"(잠10:14)

'지혜로운 자는 지식을 간직하고 있다.' 이것 때문에 그 입에서 나오는 말이 생명이 되는 것입니다. 쓰레기가 섞여있는 미련한 자, 악한 자의 말과는 분명히 다릅니다.

> "착한 사람의 혀가 순은이라면 나쁜 사람의 마음 속은 쓰레기통
> 이다"(공동번역/잠10:20)

그렇다면 미련한 자는 왜 이런 삶을 사는 것입니까? 당연히 하나님을 아는 지식이 없기 때문이고, 이미 죽은 것과 동일하기 때문입니다.

> "미련한 자는 지식이 없어 죽느니라"(잠10:21)

이때 미련한 자의 영향력은 단순히 나쁜 영향력 정도가 아니라 다른 사람을 죽이는 일까지 합니다. 그리고 미련한 자의 지식은 언어를 통하

여 드러납니다.

물론 겉으로는 '미워함을 감추는 거짓의 입술을 가진 자'(잠10:18)로 포장됩니다. 즉 이중 언어(double language)를 사용한다는 말입니다. 마치 다윗을 죽이려고 하던 사울이 그를 사위로 삼는 행동과 동일합니다. 자신의 속마음과는 달리 체면 혹은 형식에 매여 솔직함을 말하지 않는 태도를 말합니다. 거기에서 '중상하는 것'(잠10:18)이 나오고 쓸데없는 말로 허물을 드러냅니다.

그러나 지혜로운 자의 말은 사람들을 빛나게 하고 많은 사람들을 먹여 살리고 아름답게 만듭니다. 어리석은 사람은 생각 없이 죽는데 말입니다.

> "의인의 입술은 많은 사람을 먹여 살리지만, 어리석은 사람은 생각 없이 살다가 죽는다."(새번역/잠10:21)

"생각 없이 살다가 죽는다." 그 안에 하나님을 아는 지식이 없기 때문입니다. 참 아픈 일입니다.

'하나님을 모르는 것은 죽음입니다. 그것이 생각 없이 사는 행위입니다. 얼마나 어리석은 일입니까?'

* Meditatio 묵상
오늘 말씀을 통하여 깨닫게 된 것을 짧게 적어보십시오.

하나님을 생각하는 것이 소망이다

* Lexio 읽기 / 잠언 10:22-32
가능하면 오늘의 본문을 먼저 읽는 것이 좋지만 바로 아래 글을 읽어도 좋습니다. 충분히 본문을 이해하도록 배려하며 글을 썼습니다. 혹시 본문을 읽으신 분은 감동이 오는 말씀이나 단어 혹은 느낌을 간단히 적으시면 좋습니다.

"미련한 자는 지식이 없어 죽느니라"(잠10:21)

하나님을 아는 지식이 없다는 것은 하나님으로 인한 즐거움을 모른다는 말입니다. 그런 까닭에 하나님을 아는 자와 모르는 자의 즐거움은 현저히 다를 수밖에 없습니다.

"미련한 자는 행악으로 낙을 삼는 것 같이 명철한 자는 지혜로 낙
을 삼느니라"(잠10:23)

그렇다고 해서 미련한 자가 무지한 것은 아닙니다. 매우 본능적으로 인지합니다. '그의 두려워하는 것이 임할 것'이라는 본능적인 느낌이 들기 때문입니다.

"악인에게는 그의 두려워하는 것이 임하거니와"(잠10:24)

'그의 두려워하는 것'이란 그동안 미련한 자가 뿌려 놓은 "행악"의 흔적들입니다. 일시적 즐거움들입니다. 영원할 것을 기대했었지만 회오

리바람이 불면 사라지는 것들이었습니다. 그러나 의인은 그렇지 않습니다. 그 기초가 하나님에게 있기 때문입니다.

> "회오리바람이 지나가면 악인은 없어져도 의인은 영원한 기초 같으니라"(잠10:25)

'바람이 불면 사라진다!' 미련하고 악한 자들은 그 뿌리를 자신에게 두었기 때문입니다. 어디에도 의존하지 않고 오로지 자신을 위해 살던 자신에게 기초한 소망, 곧 흔들리는 소망이었던 것입니다.

> "의인의 소망은 즐거움을 이루어도 악인의 소망은 끊어지느니라"(잠10:28)

그러나 의인의 소망은 즐겁습니다. 하나님을 따르고 의지하는 것이 흔들리지 않는 산성에 의존하는 것과 다름없기 때문입니다. '흔들리지 않는다!' 정녕 그렇기 때문입니다.

> "여호와의 도가 정직한 자에게는 산성이요"(잠10:29)

'하나님을 의지하는 것, 하나님을 생각하는 것이 소망입니다. 우리는 그렇게 사는 사람들입니다. 얼마나 아름다운 일인지 알고 있는 사람들입니다. 그렇지 않습니까?'

* Meditatio 묵상
오늘 말씀을 통하여 깨닫게 된 것을 짧게 적어보십시오.

하나님의 자녀가 이 세상의 소망이다

* Lexio 읽기 / 잠언 11:1-11

가능하면 오늘의 본문을 먼저 읽는 것이 좋지만 바로 아래 글을 읽어도 좋습니다. 충분히 본문을 이해하도록 배려하며 글을 썼습니다. 혹시 본문을 읽으신 분은 감동이 오는 말씀이나 단어 혹은 느낌을 간단히 적으시면 좋습니다.

"의인은 환난에서 구원을 얻으나 악인은 자기의 길로 가느니라"

(잠11:8)

"의인"이란 지혜를 가진 자에게 붙여진 표현입니다. 이처럼 "의인"이란 표현이 가장 많이 쓰이지만 이외에도 "겸손한 자"(잠11:2), "정직한 자"(잠11:3,6), "완전한 자"(잠11:5) 등으로 불리고 있습니다. 종합해보면 본문에서 의인으로 불리는 지혜로운 자의 특징은 겸손, 정직, 완전을 가지고 있음을 알 수 있습니다.

그렇습니다. 하나님의 지혜를 가진 자, 하나님을 아는 지식에 이른다면 당연히 겸손할 수밖에 없고 정직을 무기로 삼을 것입니다. 또한 하나님의 지식을 가진 자로 완전할 것입니다. 의인입니다. 잠언 기자는 바로 이 사람이 세상을 아름답게 하고 새롭게 할 것이라고 말합니다.

"성읍은 정직한 자의 축복으로 인하여 진흥하고 악한 자의 입으로 말미암아 무너지느니라"(잠11:11)

'성읍, 곧 도시는 정직한 자, 곧 지혜로운 자의 축복으로 부흥한다.' 당연한 일입니다. 사실 요한 웨슬리의 기도로 영국은 회복되었고, 조나단 에드워즈의 기도로 미국의 영적 부흥은 시작되었습니다. 이처럼 도시와 나라, 민족의 부흥 뒤에는 하나님을 아는 지혜를 가진 자들이 있었습니다. 우연히 혹은 어쩌다 영적 부흥이 시작되지 않았습니다. 거기에는 늘 하나님의 사람들이 있었습니다.

오늘날 우리도 동일합니다. 그러므로 가장 시급한 것은 어떤 경제적 부흥이나 지식의 습득이 아니라 하나님을 아는 지식을 가진 자들이 이 땅에 충만해지는 것입니다. 그것이 이 땅을 살리는 일이기 때문입니다. 모든 피조물들이 고대하는 것입니다.

> "모든 피조물은 하나님의 자녀가 출현하기를 간절히 기대하고 있다."(하정완역/롬8:19)

'도시, 민족은 두고서라도 나의 기도와 축복의 영향력은 도대체 어느 정도입니까?'

---

* Meditatio 묵상

오늘 말씀을 통하여 깨닫게 된 것을 짧게 적어보십시오.

....

....

도시는 정직한 사람의 축복으로 진흥한다

* Lexio 읽기 / 잠언 11:11-14

가능하면 오늘의 본문을 먼저 읽는 것이 좋지만 바로 아래 글을 읽어도 좋습니다. 충분히 본문을 이해하도록 배려하며 글을 썼습니다. 혹시 본문을 읽으신 분은 감동이 오는 말씀이나 단어 혹은 느낌을 간단히 적으시면 좋습니다.

> "도시는 정직한 사람의 축복을 통해서 발전하고 악한 자의 입 때문에 멸망한다."(현대인의성경/잠11:11)

영향력입니다. 한 사람의 축복으로 한 도시가 축복을 받고 한 사람의 입, 곧 저주로 한 도시가 멸망 된다는 말이 과장되어 보일 수도 있지만 그만큼 한 사람의 영향력이 실제로 큰 것입니다. 하나님이 그리 반응하시기 때문입니다. 성경은 그런 이야기가 가득합니다.

출애굽 후 시내 광야에서 금송아지를 만들어 숭배한 것은 멸망 당할 요건이었습니다. 하나님이 멸망시키고자 하였습니다. 하지만 하나님은 모세의 탄원을 듣고 멸망을 유보하셨습니다.

하나님의 사람이 중요합니다.

반면에 한 사람의 죄로 위험한 상황에 처한 적도 있습니다. 이스라엘이 여리고 성을 점령한 후 아이 성을 공격할 때였습니다. 보잘 것 없는 성이었지만 이스라엘은 패배합니다. 놀랍게도 아간이란 한 사람의 죄로 인한 것이었습니다. 그런데 그 죄란 여리고 성의 전리품을 자신을 위해 숨겨 놓은 것이었는데 고작 "시날 산의 아름다운 외투 한 벌과 은 이백 세겔과 그 무게가 오십 세겔 되는 금덩이 하나"(수7:21)가 전부였습니다. 물론 한 사람에게는 큰 재물일 수 있지만 민족 전체에 비춰보면 보잘 것 없는 것이었습니다. 그런데 하나님이 문제 삼으신 것입니다.

이처럼 한 사람이 중요합니다.

그래서 잠언 기자는 주의할 것을 요청한 것입니다. 비록 한 사람이지만 돌아다니면서 흘리는 말과 행위에도 나쁜 영향력이 있기 때문입니다.

"도시는... 악한 자의 입 때문에 멸망한다."(현대인의성경/잠11:11)

"지혜 없는 자는 그의 이웃을 멸시하나"(잠11:12)

하나님의 사람이 소중한 이유입니다. 세상을 살리기 때문이고, 세상을 아름답게 만들기 때문입니다.

'우리가 하나님 앞에서 어떤 존재인지 중요합니다. 세상이 우리 때문에 영향 받을 수 있기 때문입니다.'

* Meditatio 묵상
오늘 말씀을 통하여 깨닫게 된 것을 짧게 적어보십시오.

....

....

지혜로운 사람은 언제나 아름답다

* Lexio 읽기 / 잠언 11:15–23

가능하면 오늘의 본문을 먼저 읽는 것이 좋지만 바로 아래 글을 읽어도 좋습니다. 충분히 본문을 이해하도록 배려하며 글을 썼습니다. 혹시 본문을 읽으신 분은 감동이 오는 말씀이나 단어 혹은 느낌을 간단히 적으시면 좋습니다.

"성읍은 정직한 자의 축복으로 인하여 진흥하고 악한 자의 입으
로 말미암아 무너지느니라"(잠11:11)

의인, 지혜로운 자, 정직한 자의 축복으로 도시가 새로워지고 아름다워지는 것은 영향력 때문입니다. 하나님이 그 사람과 함께 계시기 때문입니다. 그래서 아름답습니다. 그 자신에게도 이로운 것입니다.

"인자한 자는 자기의 영혼을 이롭게 하고 잔인한 자는 자기의 몸
을 해롭게 하느니라"(잠11:17)

그래서 전도서 기자는 이렇게 말했습니다. 하나님을 아는 "사람의 지혜는 그의 얼굴에 광채가 나게 하나니 그의 얼굴의 사나운 것이 변하느니라"(전8:1) 라고 말입니다.

우리 교회를 다니는 한 형제가 있습니다. 교회를 처음으로 다녔지만 삶의 많은 부분에서 주님과 동행하려고 애쓰는 형제였습니다. 몇 달

이 지난 후 다시 본사로 복귀했는데, 모두가 하는 첫 마디가 '형제의 얼굴이 변했어요'라는 말이었다고 합니다. 그 몇 개월은 신앙생활을 하게 된 기간이었습니다. 그 몇 달 동안 변한 것입니다.

그렇습니다. 주님과 교제하는 사람, 그 안에 성령이 거할 때 모습이 변화되는 것은 당연합니다.

그런데 더 중요한 것은 우리가 하나님을 알아가면서 얻는 것들이 얼굴의 변화보다 더 풍요롭다는 사실입니다. 성경은 그 의인들이 반드시 하나님이 주시는 상을 받을 것이고, 생명에 이르게 될 것이라고 강조합니다. 하나님의 이런 축복은 매우 당연합니다. 하나님이 그것을 기뻐하시기 때문이고, 심지어 그 기쁨이 넘쳐 하나님은 자손들조차 복을 누리는 것을 원하시기 때문입니다.

반면에 악독한 자는 자신의 몸, 곧 영혼을 악독하게 만드는 자입니다. 어느 사이엔가 더러운 존재가 됩니다. 사람들이 그에게서 악취를 맡습니다. 분리와 괴로움이 일어날 만큼 더러워진 것입니다.

'나는 어떤 존재입니까? 내가 지나간 자리에 남는 것은 무엇입니까? 아름다움입니까? 악취입니까?'

* Meditatio 묵상
오늘 말씀을 통하여 깨닫게 된 것을 짧게 적어보십시오.

....

....

오천 명을 먹이는 사람이 되라

* Lexio 읽기 / 잠언 11:24-31
가능하면 오늘의 본문을 먼저 읽는 것이 좋지만 바로 아래 글을 읽어도 좋습니다. 충분히 본문을 이해하도록 배려하며 글을 썼습니다. 혹시 본문을 읽으신 분은 감동이 오는 말씀이나 단어 혹은 느낌을 간단히 적으시면 좋습니다.

"의인의 소원은 오직 선하나"(잠11:23)

그것의 결과를 이렇게 말합니다.

"남에게 나누어 주는데도 더욱 부유해지는 사람이 있는가 하면,"

(새번역/잠11:24)

이것이 하나님의 방법입니다. 하나님은 나눠주는 그 사람에게 풍족함을 더하십니다.

"구제를 좋아하는 자는 풍족하여질 것이요 남을 윤택하게 하는
자는 자기도 윤택하여지리라"(잠11:25)

쉽지 않지만 이 기막힌 삶의 태도를 가질 수 있는 것은 그가 재물을 의지하지 않기 때문입니다.

"자기의 재물을 의지하는 자는 패망하려니와 의인은 푸른 잎사귀

같아서 번성하리라"(잠11:28)

언제나 하나님은 이와 같은 삶의 태도를 가진 자를 통하여 일하셨습니다. 그때 기적 또한 자연스러운 것이었습니다.

오병이어 기적 이야기를 기억하실 것입니다. 그 이야기에서 어린아이가 가져온 보리떡 다섯 개와 고기 두 마리는 오천 명을 먹이는 일로일어났습니다. 그 아이는 자신의 것을 포기함으로 오천 명을 먹이는 사람이 된 것입니다.

"남에게 나누어줌으로 더욱 부유해지다."(하정완역/잠11:24)

사람들이 풍족히 먹은 것만이 아니라 그 아이 자신이 부유한 존재가되었을 것입니다. 이 같은 기적의 경험 때문에 말입니다. 그러므로 크리스천은 자신만을 생각하며 오천 명분을 먹어 해치우는 사람이 아니라, 오천 명을 먹이려는 태도로 사는 사람입니다. 당연히 그 사람이 세상에존재할 때 세상은 생명을 얻게 될 것입니다. 생명 나무가 된 것입니다.

"의인의 열매는 생명 나무라"(잠11:30)

'어떤 사람이 되고 싶습니까? 오천 명분을 먹는 부자입니까? 아니면오천 명을 먹이는 부자입니까?'

* Meditatio 묵상
오늘 말씀을 통하여 깨닫게 된 것을 짧게 적어보십시오.

오직 하나님으로만 아름다워질 수 있다

* Lexio 읽기 / 잠언 12:1-10

가능하면 오늘의 본문을 먼저 읽는 것이 좋지만 바로 아래 글을 읽어도 좋습니다. 충분히 본문을 이해하도록 배려하며 글을 썼습니다. 혹시 본문을 읽으신 분은 감동이 오는 말씀이나 단어 혹은 느낌을 간단히 적으시면 좋습니다.

- -

- -

"남에게 나누어 주는데도 더욱 부유해지는 사람이 있는가 하면,"

(새번역/잠11:24)

이 사람이 의인, 곧 지혜로운 사람입니다. 그런데 미련한 자 역시 스스로 자신의 행위가 옳다고 생각합니다.

"미련한 자는 자기 행위를 바른 줄로 여기나"(잠12:15)

그래서 위험한 것입니다. 자신이 판단 기준이기 자기 자신이기 때문입니다. 그래서 이들은 지혜 있는 자들과 훈계와 경책을 싫어합니다. 잠언 기자는 이런 모습을 매우 노골적으로 '짐승과 같다'(잠12:1)고 표현하였습니다.

'짐승과 같다?' 그저 단순히 본능에 의해 움직인다는 말입니다. 미련한 사람들은 그 본능에 충실하게 살아갑니다. 얼핏 생각하면 본능에 의해 움직이는 것이 자연스러운 것처럼 보이지만 우리는 타락한 존재이고 본질적으로 죄의 통치를 받고 있기 때문에 가만히 있으면 악이 흘러나옵니다. 하지만 우리는 그렇게 살아서는 안 됩니다.

그러므로 우리는 기본적으로 선하며, 그렇기에 스스로 선한 일을 할 수 있다는 생각은 착각입니다. 그래서 바울은 이렇게 고백하였습니다.

"내 속 곧 내 육신에 선한 것이 거하지 아니하는 줄을 아노니 원함은 내게 있으나 선을 행하는 것은 없노라"(롬7:18)

한 걸음 더 나아가서 잠언 기자는 더 놀라운 말을 하였습니다.

"악인의 긍휼은 잔인이니라"(잠12:10)

이 말은 악인 자신이 따뜻한 긍휼을 베풀고 있다고 생각하더라도 그것조차 잔인한 결과를 맺는다는 뜻입니다. 그것은 악인이 선한 것을 설령 계획할지라도 그 뿌리가 악이기 때문입니다.

우리는 반드시 하나님의 통치를 받아야 하고, 하나님의 지혜로 새로워져야 합니다. 우리가 온전해질 만큼 우리는 선한 존재가 아니기 때문입니다.

'자신이 어떤 존재인지를 알고 있습니까? 하나님 없이 아름다워질 수 없다는 것을 알고 있습니까?'

* Meditatio 묵상
오늘 말씀을 통하여 깨닫게 된 것을 짧게 적어보십시오.

속임수로 살아온 인생일 수 있다

* Lexio 읽기 / 잠언 12:11-15

가능하면 오늘의 본문을 먼저 읽는 것이 좋지만 바로 아래 글을 읽어도 좋습니다. 충분히 본문을 이해하도록 배려하며 글을 썼습니다. 혹시 본문을 읽으신 분은 감동이 오는 말씀이나 단어 혹은 느낌을 간단히 적으시면 좋습니다.

> "사람이 악으로서 굳게 서지 못하거니와 의인의 뿌리는 움직이지
> 아니하느니라"(잠12:3)

악한 자, 지혜롭지 못한 자, 어리석은 자가 추구하는 것은 언제나 순간적인 모면에 초점이 맞춰질 수밖에 없습니다. 우리가 읽은 것처럼 든든한 뿌리를 박은 존재가 아니라 흔들리는 존재이기 때문입니다. 습관처럼 순간순간 거짓과 속임수를 사용합니다.

> "의인의 생각은 곧지만, 악인의 궁리는 속임수뿐이다."
>
> (새번역/잠12:5)

그래서 의인과 달리 악인은 정직한 노동, 기다림이 있는 농사가 불가능합니다. 속임수로 살아온 인생, 스스로 똑똑하다고 생각할지 모르지만 잠언 기자는 그들을 '지각없는 존재'라고 규정합니다.

> "밭 가는 사람은 배불리 먹지만 지각없는 사람은 헛된 꿈만 좇는
> 다."(공동번역/잠12:11)

스스로 지혜 있다고 여기는 악인들에게는 당장 눈에 보이지 않아도 씨를 뿌리고 물과 거름을 주면서 기다리는 삶이 불가능합니다. 속임수로 한방에 무엇인가를 얻으려는 한탕주의가 그들을 지배하기 때문입니다. 로또처럼 '헛된 꿈'을 좇는 것입니다.

이처럼 속임수로 사는 인생, 그들의 언어가 옳을 수가 없습니다. 지각이 없으니 당연합니다.

"악인은 입술의 허물로 말미암아 그물에 걸려도"(잠12:13)

그들은 자신이 옳다고 여깁니다. 스스로 자기 생각의 덫에 빠진 채 자신이 가진 지혜로만 삽니다. 착각인 것을 모른 채 말입니다. 어쩔 수 없이 더 깊이 그물 속으로 걸려 들어갑니다. 그것이 지혜로운 자와 다른 점입니다.

"미련한 자는 자기 행위를 바른 줄로 여기나 지혜로운 자는 권고를 듣느니라"(잠12:15)

'나의 귀는 어떻습니까? 권고를 듣고 있습니까? 누군가의 권면이 자신을 분노하게 하지는 않습니까?'

* Meditatio 묵상

오늘 말씀을 통하여 깨닫게 된 것을 짧게 적어보십시오.

지혜로운 자의 말은 약(藥)이다

* Lexio 읽기 / 잠언 12:16-22

가능하면 오늘의 본문을 먼저 읽는 것이 좋지만 바로 아래 글을 읽어도 좋습니다. 충분히 본문을 이해하도록 배려하며 글을 썼습니다. 혹시 본문을 읽으신 분은 감동이 오는 말씀이나 단어 혹은 느낌을 간단히 적으시면 좋습니다.

"미련한 자는 자기 행위를 바른 줄로 여기나 지혜로운 자는 권고를 듣느니라"(잠12:15)

미련한 자들은 가벼운 존재입니다. 그래서 쓸데없는 분노를 과도하게 표출합니다. 너무 성급하게 쏟아냅니다.

"미련한 자는 당장 분노를 나타내거니와"(잠12:16)

사실 성서의 많은 저자들은 이 문제를 걱정하였습니다. 그 중에 야고보는 우리에게 매우 중요한 처방을 내렸습니다.

"여러분이 알아두어야 할 일이 있습니다. 누구든지 듣기는 빨리하고 말하기는 더디 하십시오. 또 여간해서는 화를 내지 마십시오."(공동번역/약1:19)

분노, 시대와 상관없이 참 문제입니다. 더욱이 미련한 자의 분노는 분수와 도를 넘는 어리석음으로 변합니다. 아니, 매우 의도적으로 사용합니다. 비수같이 칼을 사용하여 자신을 드러냅니다.

"함부로 뱉는 말은 비수가 되지만"(공동번역/잠12:18)

야고보 기자는 아예 혀에 "재갈"을 물릴 것을 요청하였습니다. 특히 스스로 자신을 믿을 수 없을 때 더욱 그리하는 것이 옳습니다. '침묵.'

"누구든지 스스로 경건하다 생각하며 자기 혀를 재갈 물리지 아니하고 자기 마음을 속이면 이 사람의 경건은 헛것이라"(약1:26)

그래서 더욱 지혜로운 자는 아름답습니다. 사람들을 찌르는 비수가 아니라 사람들의 아픈 상처를 어루만져 치료하기 때문입니다. 얼마나 아름답습니까?

"지혜로운 사람의 말은 아픈 곳을 낫게 하는 약이다."

(새번역/잠12:18)

'슬그머니 자신의 말을 살펴보십시오. 사람을 치료합니까? 사람을 찌릅니까? 다른 사람들은 나를 어떤 존재라고 말합니까?'

* Meditatio 묵상
오늘 말씀을 통하여 깨닫게 된 것을 짧게 적어보십시오.

- -

- -

의의 길에는 죽음이 없다

* Lexio 읽기 / 잠언 12:23-28

가능하면 오늘의 본문을 먼저 읽는 것이 좋지만 바로 아래 글을 읽어도 좋습니다. 충분히 본문을 이해하도록 배려하며 글을 썼습니다. 혹시 본문을 읽으신 분은 감동이 오는 말씀이나 단어 혹은 느낌을 간단히 적으시면 좋습니다.

"슬기로운 자는 지식을 감추어도"(잠12:23)

지혜로운 자의 내면적 깊이를 잘 표현하는 말입니다. 여기서 지식은 하나님을 아는 지식이 아니라 공동번역의 표현처럼 "알고도 모르는 체"(공동번역/잠12:23) 하는 배려입니다. 누구든 지혜로운 자 앞에서는 무너지지 않고 수치를 당하지 않으며 보호되고 회복되는 이유입니다.

"의인은 그 이웃의 인도자가 되나"(잠12:26)

의인에게서 나오는 말은 그 자체로 아름답기 때문입니다. 지혜를 내면에 담고 있기 때문입니다. 그래서 그 의인들을 만나면 기쁨이 살아나는 것입니다.

"마음에 근심이 있으면 번민이 일지만, 좋은 말 한 마디로도 사람을 기쁘게 할 수 있다."(새번역/잠12:25)

반면에 미련한 자는 다릅니다. 그가 스스로 자신을 지혜롭게 여기기 때문에 그 마음에서 나오는 것이 미련한 것인 줄 모르고 함부로 쏟아냅니다. 걸러내지 못한 미련함입니다.

"미련한 자의 마음은 미련한 것을 전파하느니라"(잠12:23)

만일 그 미련한 자의 소리를 따르면 나쁜 길로 들어서는 것은 자명한 일입니다.

"악인은 이웃을 나쁜 길로 **빠져** 들게 한다."(새번역/잠12:26)

그러므로 지혜로운 자를 만나는 것은 복입니다. 더욱이 지혜로운 자는 길을 알고 있기 때문입니다. 어디로 가는지 하나님의 인도를 받는다는 뜻입니다. 의인이 가는 길이 바로 의의 길이기 때문입니다.

"의의 길에는 생명만이 있을 뿐 그 길에는 죽음이 없다."
(현대인의성경/잠12:28)

'의의 길로 들어서서 걸을 수 있다면 복입니다. 그러므로 다른 길로 들어서지 마십시오. 늘 주님을 가까이 하십시오. 말씀에 거하십시오.'

* Meditatio 묵상
오늘 말씀을 통하여 깨닫게 된 것을 짧게 적어보십시오.

109

제 5 부

입을 지키면 자신의 영혼을 지킨다

입을 지키면 자신의 영혼을 지킨다

* Lexio 읽기 / 잠언 13:1-6

가능하면 오늘의 본문을 먼저 읽는 것이 좋지만 바로 아래 글을 읽어도 좋습니다. 충분히 본
문을 이해하도록 배려하며 글을 썼습니다. 혹시 본문을 읽으신 분은 감동이 오는 말씀이나
단어 혹은 느낌을 간단히 적으시면 좋습니다.

"입을 지키는 자는 자기의 생명을 보전하나 입술을 크게 벌리는
자에게는 멸망이 오느니라"(잠13:3)

'입을 지킨다.' 다른 말로 하면 침묵입니다. 아예 공동번역은 '입에 재
갈을 물린다'라는 말로 표현하였습니다. 그렇다면 입을 지킨다는 말은
무엇을 뜻합니까?

본문에서 "생명"으로 번역된 '네페쉬'란 히브리어는 '영혼'이란 뜻을
갖고 있습니다. 그런 의미로 넣어서 다시 쓰면 이렇습니다.

'입을 지키면 자신의 영혼을 지킨다.'

그래서 악인이 무너지는 것입니다. 입을 지키지 않기 때문입니다. 그
들에게 침묵은 없습니다. 그런 까닭에 마음 안에 있는 것들이 무차별적
으로 흘러나옵니다.

"악인은 행위가 흉악하여 부끄러운 데에 이르느니라"(잠13:5)

아주 쉽게 "부끄러운" 것, 곧 더러운 언어, 상처를 주는 언어, 음란한 언어가 흘러나옵니다. 여기서 '흉악하다'로 번역된 히브리어 '바아쉬'에는 악취가 난다는 의미가 있습니다. 즉 우리의 흉악함이나 잘못된 언어들은 매우 근원적인 곳에서부터 나온다는 의미입니다.

아무리 겉포장을 화려하고 그럴듯하게 하여도 그 안에서 생선이 썩고 있다면 그 악취를 피할 길이 없는 것처럼 우리가 아무리 위장하려 해도 우리가 썩은 존재라면 다른 사람을 필연적으로 상처 입힐 것입니다. 결국에는 "멸망"으로 인도합니다.

문제는 마음입니다. 언어 역시 마음에서 흘러나오기 때문입니다. '입은 마음이다.' 그래서 누차 잠언 기자는 마음의 문제를 강조한 것입니다.

"모든 지킬 만한 것 중에 더욱 네 마음을 지키라 생명의 근원이
이에서 남이니라"(잠4:23)

'입은 마음입니다. 내 언어들은 어떻게 흘러나오고 있습니까? 침묵으로 정제된 언어입니까?'

* Meditatio 묵상
오늘 말씀을 통하여 깨닫게 된 것을 짧게 적어보십시오.

113

하나님만으로도 충분히 부유하다

* Lexio 읽기 / 잠언 13:7-11
가능하면 오늘의 본문을 먼저 읽는 것이 좋지만 바로 아래 글을 읽어도 좋습니다. 충분히 본문을 이해하도록 배려하며 글을 썼습니다. 혹시 본문을 읽으신 분은 감동이 오는 말씀이나 단어 혹은 느낌을 간단히 적으시면 좋습니다.

> "남에게 나누어 주는데도 더욱 부유해지는 사람이 있는가 하면,"
>
> (새번역/잠11:24)

하나님의 방법입니다. 남에게 나눠주기 때문에 하나님이 더 채워주시는 것입니다. 지혜로운 크리스천들은 이 비밀을 압니다. 그래서 나누고 베푸는 것이 쉽습니다. 선순환이 이뤄지는 이유입니다.

> "구제를 좋아하는 자는 풍족하여질 것이요 남을 윤택하게 하는
>
> 자는 자기도 윤택하여지리라"(잠11:25)

만일 기독교의 위기가 온다면 이 같은 하나님의 방법의 단절 때문일 것입니다. 주로 자신을 위한 복을 구하고 교회는 개교회주의에 매몰되어 살아가기 때문입니다. 두말할 것도 없이 재물이 중심이 된 맘몬주의에 빠졌기 때문입니다. 돈을 위해서라면 어떤 시도라도 합니다. '망령된' 행동도 서슴지 않습니다.

"망령되이 얻은 재물은 줄어가고 손으로 모은 것은 늘어가느니라"(잠13:11)

연봉, 퇴직금, 자동차 등 수없이 많은 돈의 문제들에 관련된 교회와 목회자들의 갈등 소식을 듣습니다. 그것만으로도 위기입니다. 더욱이 망령된 방법으로 돈을 횡령하고 천문학적인 숫자의 퇴직금을 받는 이야기 등은 비기독교적입니다. 청빈을 상실한 것입니다. 하나님 나라를 생각하지 않고 사는 까닭입니다. 끝이 위험할 것입니다. 위험한 일입니다.

세상이 돈의 많고 적음에 따라 사람을 평가하는 바람에 사람들은 스스로 부한 체하며 살아갑니다. 사실은 아무 것도 없는데 말입니다. 돈으로 사람을 말하는 타락에 들어선 것입니다.

그렇다면 가난도 아름다운 것입니다. 정확하게 말해서 하나님을 품은 자들은 그것으로 충분히 만족하기 때문입니다. 가난이든 부요든 중요하지 않기 때문입니다. 그 사람이 의인입니다. 빛나는 사람입니다.

"의인의 빛은 밝게 빛나지만,"(새번역/잠13:9)

'하나님만으로 충분하십니까?'

* Meditatio 묵상
오늘 말씀을 통하여 깨닫게 된 것을 짧게 적어보십시오.

생명을 드러내는 크리스천이 현자(賢者)다

* Lexio 읽기 / 잠언 13:12–15

가능하면 오늘의 본문을 먼저 읽는 것이 좋지만 바로 아래 글을 읽어도 좋습니다. 충분히 본문을 이해하도록 배려하며 글을 썼습니다. 혹시 본문을 읽으신 분은 감동이 오는 말씀이나 단어 혹은 느낌을 간단히 적으시면 좋습니다.

"의인의 빛은 밝게 빛나지만,"(새번역/잠13:9)

하나님의 지혜가 있는 의인은 빛납니다. 빛이기 때문입니다. 그러나 악인의 빛은 곧 꺼지고 맙니다. 그의 빛은 등불이기 때문입니다. 재미있는 메타포입니다.

"의인의 빛은 환하게 빛나고 악인의 등불은 꺼지느니라"(잠13:9)

등불은 자기 에너지로 빛을 만들기 때문입니다. 그런 까닭에 에너지인 기름이 떨어지면 꺼지는 것입니다. 만일 그 에너지가 돈이거나 세속적인 권력에서 비롯되는 것이라면 위험합니다. 흔들리는 것들이기 때문입니다. 행여 사라지는 순간 무너지는 이유입니다. 잠언 기자는 그것을 걱정했습니다.

"희망이 끊어지면 마음이 병들고"(공동번역/잠13:12)

그러나 의인의 빛은 꺼지지 않습니다. 그 빛의 근원이 하나님이시기 때문입니다. 그러므로 의인은 하나님의 말씀으로 삽니다. 말씀은 의인을 풍성하게 할 것입니다. 말씀 자체가 "상"이기 때문입니다.

> "하나님의 말씀을 멸시하는 자는 망할 것이나 그 말씀을 두려워 하는 자는 상을 얻을 것이다."(현대인의성경/잠13:13)

의인은 언제나 말씀 가운데 두려움으로 섭니다. 자신을 드러내지 않는 전적인 의존을 의미합니다. 그 말씀은 의인의 마음에서 벗어나지 않고 아름다운 지혜로 나타납니다. 그 입에서 나오는 가르침이 세상을 살립니다.

> "지혜 있는 자의 교훈은 생명의 샘과 같아서 사람을 죽을 위기에 서 구해낸다."(현대인의성경/잠13:14)

세상 사람들은 그를 '현자'(賢者/지혜로운 사람)라고 부릅니다. 선한 지혜가 드러나기 때문입니다.

> "선한 지혜는 은혜를 베푸나"(잠13:15)

'크리스천은 '현자'(賢者)로 드러납니다. 말씀을 품은 자들은 당연히 그런 존재가 되기 때문입니다.'

* Meditatio 묵상
오늘 말씀을 통하여 깨닫게 된 것을 짧게 적어보십시오.

지혜로운 자와 다니면 지혜를 얻는다

* Lexio 읽기 / 잠언 13:16-20

가능하면 오늘의 본문을 먼저 읽는 것이 좋지만 바로 아래 글을 읽어도 좋습니다. 충분히 본문을 이해하도록 배려하며 글을 썼습니다. 혹시 본문을 읽으신 분은 감동이 오는 말씀이나 단어 혹은 느낌을 간단히 적으시면 좋습니다.

"지혜 있는 자의 교훈은 생명의 샘과 같아서 사람을 죽을 위기에서 구해낸다."(현대인의성경/잠13:14)

예전에 중고생들을 대상으로 수련회를 인도하면서 OX 퀴즈를 한 적이 있습니다. 그런데 참 신기하게도 공부도 좀 못하고 덜떨어져 보이는 한 아이가 5명이 남는 마지막 결선까지 온 일이 있었습니다. 그리고 마지막 5명을 대상으로 한 마지막 결선 문제는 OX퀴즈가 아니라 단답형 문제였습니다. 그런데 지금까지와는 달리 그 아이는 쉬운 첫 문제를 맞추지 못하고 탈락하였습니다. 사실 그것이 그 아이의 진짜 실력이었습니다. 나중에 안 일이었지만 그가 최종 5명까지 올라올 수 있었던 이유는 교회에서 꽤 똑똑한 한 아이의 선택을 좇아서만 다닌 때문이었습니다. 웃고 말았지만 그 아이가 참 지혜롭다고 생각했습니다.

우리가 지혜롭지 못하고, 지혜로운 선택을 못할 때는 똑똑한 아이를 따라다녔던 그 아이처럼 우리도 지혜로운 사람을 따라다니는 것이 유익할 것입니다. 사실 잠언 기자는 우리에게 그렇게 권면합니다.

"지혜로운 자와 동행하면 지혜를 얻고 미련한 자와 사귀면 해를 받느니라"(잠13:20)

'지혜로운 자와 함께 다닌다.' 매우 적절한 권면입니다. 문제는 지혜로운 사람을 찾는 일입니다. 그렇다면 어떻게 지혜로운 사람을 찾을 수 있습니까? 잠언 기자는 다음과 같이 말합니다.

"무릇 슬기로운 자는 지식으로 행하거니와"(잠13:16)

지혜로운 사람은 지식, 즉 하나님을 경외하는 삶의 태도로 사는 사람입니다. 결국 하나님의 말씀 가운데 서서 흔들림 없이 말씀을 삶에 적용시키는 사람을 찾으면 된다는 말입니다.

반면에 어리석은 사람은 말씀을 멸시하는 사람입니다. 또한 하나님 말씀 알기를 싫어하고 하나님 경외하는 일에 게으르며 훈계와 권고를 멸시하고 자신의 고집과 아집에 사로잡혀 사는 사람입니다. 잠언 기자는 이렇게 미련한 자와 사귀면 '해를 받는'(잠13:20)다고 경고합니다. 당연히 그를 가까이 하는 것을 주의해야 합니다.

'내가 함께 하는 사람은 어떤 사람입니까? 현자(賢者)입니까?'

* Meditatio 묵상
오늘 말씀을 통하여 깨닫게 된 것을 짧게 적어보십시오.

119

의인에게는 선한 보응이 따른다

* Lexio 읽기 / 잠언 13:21-25
가능하면 오늘의 본문을 먼저 읽는 것이 좋지만 바로 아래 글을 읽어도 좋습니다. 충분히 본문을 이해하도록 배려하며 글을 썼습니다. 혹시 본문을 읽으신 분은 감동이 오는 말씀이나 단어 혹은 느낌을 간단히 적으시면 좋습니다.

"미련한 자와 사귀면 해를 받느니라"(잠13:20)

잠언 기자가 말하는 미련한 자는 앞에서도 말했듯이 단순히 공부하지 않아서 미련하다는 뜻이 아닙니다. 하나님의 지식 없이 자기 마음대로 사는 사람을 말합니다. 그래서 하나님의 지식을 가진 지혜로운 자와 대구를 이루어 사용하는 것입니다.

"지혜로운 자와 동행하면 지혜를 얻고 미련한 자와 사귀면 해를 받느니라"(잠13:20)

물론 이 같은 표현이 약간 지나쳐 보입니다. 그러나 미련한 자와 함께 있어서 해가 된다는 말은 미련한 자는 결국 죄에 이르기 때문입니다. 잠언 기자는 오히려 더 심각한 말로 경고합니다.

"재앙은 죄인을 따르고 선한 보응은 의인에게 이르느니라"(잠13:21)

하나님께서 죄인에게는 재앙을 내릴 것이지만 하나님을 따르는 선한 이들에게는 축복이 임한다는 강조입니다. 우리가 기복신앙에 대한 문제를 제기하기 때문에 축복에 대하여 민감할 수 있지만 하나님의 의지는 분명합니다. 굳이 부정할 이유는 없습니다.

> "선인은 그 산업을 자자 손손에게 끼쳐도 죄인의 재물은 의인을 위하여 쌓이느니라"(잠13:22)

이어서 잠언 기자는 우리가 1장에서 읽은 것처럼 잠언을 기록한 주된 목적인 자녀에게 주는 훈계에 초점을 두고 말씀의 방향을 돌립니다. 지금까지 설명한 지혜로운 자와 미련한 자, 선인과 악인의 시작은 어린 시절과 관계가 있기 때문입니다.

> "매를 아끼는 자는 그의 자식을 미워함이라 자식을 사랑하는 자는 근실히 징계하느니라"(잠13:24)

매를 들어서라도 바른 태도를 가진 하나님의 사람으로 키울 것을 권면합니다. 어린 시절, 아직 가능성이 남아있기 때문입니다.

'지혜로운 자와 가까이 하십시오. 하나님의 법과 훈계를 떠나지 마십시오. 이것이 지혜입니다.'

* Meditatio 묵상
오늘 말씀을 통하여 깨닫게 된 것을 짧게 적어보십시오.

미련한 자는 죄를 가볍게 여긴다

* Lexio 읽기 / 잠언 14:1~9

가능하면 오늘의 본문을 먼저 읽는 것이 좋지만 바로 아래 글을 읽어도 좋습니다. 충분히 본문을 이해하도록 배려하며 글을 썼습니다. 혹시 본문을 읽으신 분은 감동이 오는 말씀이나 단어 혹은 느낌을 간단히 적으시면 좋습니다.

"재앙은 죄인을 따르고 선한 보응은 의인에게 이르느니라"(잠13:21)

'왜 죄인에게 재앙이 따를까?' 한 마디로 말해 지혜롭지 못하고 미련하기 때문입니다. 자신이 주인이 되어 살기 때문입니다. 그래서 빗나갑니다.

물론 인간은 완전한 존재가 아닙니다. 스스로 옳은 것처럼 여길 수는 있지만 언제나 옳은 길을 선택한다고 말할 수 없습니다. 거기에 빗나가는 위험이 발생하는 것입니다.

"어떤 길은 사람이 보기에 바른 것 같지만 결국은 죽음에 이르고
만다."(현대인의성경/잠14:12)

그러나 더 심각한 것은 빗나가는 동기입니다. 그 동기가 단순한 동기가 아니라 하나님을 "경멸"(잠14:2)하고 업신여기는 것에 기초하기 때문입니다.

"빛나가는 사람은 야훼를 업신여긴다.(공동번역/잠14:2)

더욱이 미련한 자인 까닭에 옳은 선택을 하지 못할 뿐만 아니라 계속해서 하나님을 떠나 자기 멋대로 살며 죄를 범하는 것을 가볍게 여깁니다. 더 깊은 어리석음으로 들어서는 이유입니다.

"미련한 자는 죄를 심상히 여겨도"(잠14:9)

죄를 심상히, 가볍게 여기는 것은 결정적인 착각입니다. 우리의 죄에 대하여 하나님께서는 가볍게 생각하시지 않고 매우 심각하게 생각하시기 때문입니다. 그렇기 때문에 우리의 죄를 위하여 자신의 하나밖에 없는 아들 예수 그리스도를 십자가에서 희생 당하도록 보내신 것입니다. 그래서 잠언 기자는 이 같이 가볍게 여기는 자들, 미련한 자들에게서 떠날 것을 요청합니다.

"미련한 자를 멀리하라. 그런 자에게서는 아무것도 배울 것이 없다."(현대인의성경/잠14:7)

'빛나가지는 않았는지, 죄에 대한 태도가 가벼워진 것은 아닌지 늘 돌아봐야 합니다. 잊지 마십시오.'

---

* Meditatio 묵상

오늘 말씀을 통하여 깨닫게 된 것을 짧게 적어보십시오.

지혜로운 자는 자신을 조심스럽게 살핀다

* Lexio 읽기 / 잠언 14:10-16

가능하면 오늘의 본문을 먼저 읽는 것이 좋지만 바로 아래 글을 읽어도 좋습니다. 충분히 본
문을 이해하도록 배려하며 글을 썼습니다. 혹시 본문을 읽으신 분은 감동이 오는 말씀이나
단어 혹은 느낌을 간단히 적으시면 좋습니다.

"미련한 자는 죄를 심상히 여겨도 정직한 자 중에는 은혜가 있느
니라"(잠14:9)

미련한 자의 이런 태도는 하나님의 태도와는 정반대라 할 수 있습니
다. 그러므로 우리가 만일 자신의 죄에 대하여 가볍게 여기고 있다면
우선 하나님과 적대적인 관계, 혹은 소홀한 관계에 놓여있는 것은 아닌
지 의심할 필요가 있습니다. 사실 하나님을 경외하는 지혜로운 자들은
자신의 행동을 삼가고 죄를 두려워하기 때문입니다.

"지혜로운 사람은 여호와를 경외하고 악한 일을 멀리하나, 어리
석은 자는 제멋대로 행동한다."(쉬운성경/잠14:16)

그렇다면 미련한 자는 왜 자신의 죄에 대하여 별로 심각하게 여기지
않는 것입니까? 그 이유를 잠언 기자는 자신이 옳다고 생각하기 때문
이라고 말합니다.

"어떤 길은 사람이 보기에 바르나"(잠14:12)

미련한 자는 이처럼 스스로 자신이 옳다고 여깁니다. 이것이 지혜로운 자와의 결정적인 차이입니다. 지혜로운 사람은 자기 자신의 한계를 깨닫습니다. 그래서 언제나 자신을 살피고 돌아봅니다.

"어리석은 사람은 아무 말이나 믿지만 슬기로운 사람은 자기 행
동을 조심스럽게 살핀다."(현대인의성경/잠14:15)

"조심스럽게 살핀다." 그것은 스스로 지혜롭게 여기지 않는다는 것입니다. 간혹 우리는 지혜롭다는 것을 자기 뜻대로 현명하게 행하는 것이라고 여기지만, 사실은 제한적인 지식임을 아는 것이 지혜로운 것입니다. 지혜로운 자는 그것을 아는 자들입니다. 무엇이 죄악이고, 무엇이 하나님의 뜻인지를 분별합니다. 그래서 언제나 하나님을 경외하는 것입니다. 자기에게 정직한 사람이기 때문입니다.

"정직하게 사는 사람은 여호와를 두려워하지만"

(현대인의성경/잠14:2)

'자신을 살피십니까? 정직하게 하나님 앞에 서서 자신을 돌아보는 시간을 갖고 계십니까?'

* Meditatio 묵상
오늘 말씀을 통하여 깨닫게 된 것을 짧게 적어보십시오.

- -

- -

내안의 화(火)가 나를 태우고 있다

* Lexio 읽기 / 잠언 14:16~18,29~30
가능하면 오늘의 본문을 먼저 읽는 것이 좋지만 바로 아래 글을 읽어도 좋습니다. 충분히 본문을 이해하도록 배려하며 글을 썼습니다. 혹시 본문을 읽으신 분은 감동이 오는 말씀이나 단어 혹은 느낌을 간단히 적으시면 좋습니다.

"어리석은 자는 멋대로 날뛴다."(공동번역/잠14:16)

"멋대로 날뛴다." 어리석은 자는 자기 자신을 제어하지 못하고 안에서 흘러나오는 감정의 방향을 따라 삽니다. 그 대표적인 것이 분노입니다.

"노하기를 속히 하는 자는 어리석은 일을 행하고 악한 계교를 꾀하는 자는 미움을 받느니라"(잠14:17)

이처럼 속히 나오는 분노의 이유를 잠언 기자는 "마음이 조급한"(잠14:29) 까닭이라고 설명합니다. 어리석은 자들의 대표적인 특성입니다.

"성급한 사람은 어리석은 사람이다."(공동번역/잠14:29)

멋대로 날뛰고, 내면이 불안하기 때문입니다. 그 같은 내면의 불안은 단순히 마음의 불안만이 아니라 실제적인 병을 유발시킨다고 경고합니다.

"마음이 편안하면 몸에 생기가 돌고 마음이 타면 뼛속이 썩는 다."(공동번역/잠14:30)

그래서 바울은 우리에게 분노하지 말 것을, 분노하더라도 더디 할 것을 권면한 것입니다. 그 분노하는 자리에 마귀가 똬리를 틀 수 있다는 것을 바울은 알았던 것입니다.

"분을 내어도 죄를 짓지 말며 해가 지도록 분을 품지 말고 마귀에 게 틈을 주지 말라"(엡4:26-27)

그 분노의 다른 표현이 바로 '화'(火)입니다. 몸 안에 불이 붙어서 우리 자신을 태우고 있는 것입니다. 우리의 신앙 훈련이 내면적인 것이 되어야 하는 이유입니다.

그래서 침묵이 중요합니다. 화가 터져 나오는 것을 멈추고 하나님에게 의존하도록 돕기 때문입니다. 멋대로 날뛰는 나를 붙잡는 것이기 때문입니다.

'가만히 안을 들여다보면 나를 태우고 있는 '화'(火)가 있을 것입니다. 그것을 어떻게 해결하십니까?'

* Meditatio 묵상
오늘 말씀을 통하여 깨닫게 된 것을 짧게 적어보십시오.

127

재물은 면류관과 축복이 될 수 있다

* Lexio 읽기 / 잠언 14:19-24,31-32

가능하면 오늘의 본문을 먼저 읽는 것이 좋지만 바로 아래 글을 읽어도 좋습니다. 충분히 본문을 이해하도록 배려하며 글을 썼습니다. 혹시 본문을 읽으신 분은 감동이 오는 말씀이나 단어 혹은 느낌을 간단히 적으시면 좋습니다.

"악인은 선인 앞에 엎드리고 불의한 자는 의인의 문에 엎드리느니라"(잠14:19)

이것이 하나님의 법입니다. 하나님이 세우신 심판의 결말입니다. 그것은 악 때문입니다. 자신이 쌓아 놓은 악이 마지막 환난(피할 수 없는 죽음 혹은 그와 같은 것) 앞에서 회복되지 못하게 합니다.

"악인은 그의 환난에 엎드러져도 의인은 그의 죽음에도 소망이 있느니라"(잠14:32)

그러나 지금 세상은 종말이 오지 않은 까닭에 세상의 법대로 움직입니다. 그 대표적인 법의 모습입니다.

"가난한 자는 이웃에게도 미움을 받게 되나 부요한 자는 친구가 많으니라"(잠14:20)

니체가 말한 것처럼 사람들이 '권력에의 의지'를 갖는 이유입니다. 이것이 세상의 법입니다. 하지만 이미 살핀 것처럼 의인, 하나님의 사람들은 그 같은 법을 좇아가서는 안 됩니다. 무엇보다 하나님이 원하시지 않기 때문입니다.

> "이웃을 업신여기는 자는 죄를 범하는 자요 빈곤한 자를 불쌍히
> 여기는 자는 복이 있는 자니라"(잠14:21)

빈곤하든 가난하든 그것이 하나님이 지으신 존재됨을 가볍게 하는 것이 아닙니다. 그래서 잠언 기자는 가난과 빈곤을 멸시하고 불의를 행하는 것이 하나님을 멸시하는 것이라고 말합니다.

> "가난한 사람을 학대하는 자는 그를 지으신 이를 멸시하는 자요
> 궁핍한 사람을 불쌍히 여기는 자는 주를 공경하는 자니라"(잠14:31)

그래서 재물은 면류관과 축복이 될 수 있습니다. 가난과 빈곤을 돕는 하나님의 사람이 될 수 있기 때문입니다. "지혜로운 자의 재물"이라 불리는 이유입니다.

> "지혜로운 자의 재물은 그의 면류관이요 미련한 자의 소유는 다
> 만 미련한 것이니라"(잠14:24)

'나의 재물의 방향성은 어떻습니까?'

* Meditatio 묵상
오늘 말씀을 통하여 깨닫게 된 것을 짧게 적어보십시오.

- -

- -

사람을 살리는 사람이 될 수 있다

* Lexio 읽기 / 잠언 14:25-28,33-35

가능하면 오늘의 본문을 먼저 읽는 것이 좋지만 바로 아래 글을 읽어도 좋습니다. 충분히 본문을 이해하도록 배려하며 글을 썼습니다. 혹시 본문을 읽으신 분은 감동이 오는 말씀이나 단어 혹은 느낌을 간단히 적으시면 좋습니다.

> "여호와를 경외하는 자에게는 견고한 의뢰가 있나니 그 자녀들에게 피난처가 있으리라"(잠14:26)

"견고한 의뢰"를 NIV는 "a secure fortress", 곧 '안전한 요새'라고 번역했습니다. 하나님이 계시기 때문입니다. 하나님 나라가 이뤄짐으로 그곳이 바로 자연적인 요새가 되는 것입니다.

든든한 요새 안에 거하는 아버지, 어머니를 보면서 그 자녀들이 안전함을 누리는 것은 당연한 것입니다. 피난처가 되는 것입니다.

> "여호와를 두려운 마음으로 섬기는 자에게는 안전한 요새가 있으니 이것이 그의 자녀들에게 피난처가 될 것이다."
>
> (현대인의성경/잠14:26)

잠언 기자는 그것을 "사람을 죽음에서" 구원하는 "생명의 샘"이라 표현하였습니다.

"여호와를 두려운 마음으로 섬기는 것은 생명의 샘과 같아서 사
람을 죽음에서 구한다."(현대인의성경/잠14:27)

바울은 사람을 죽음에서 구원하는 생명의 샘을 "냄새"로 표현하였습
니다.

"항상 우리를 그리스도 안에서 이기게 하시고 우리로 말미암아
각처에서 그리스도를 아는 냄새를 나타내시는 하나님께 감사하
노라"(고후2:14)

더불어 놀라운 비밀을 설명하였는데 바로 그 사람 역시 "그리스도의
향기", "생명에 이르는 냄새"를 풍기는 존재가 된다고 말합니다.

"우리는 구원 받는 자들에게나 망하는 자들에게나 하나님 앞에서
그리스도의 향기니 이 사람에게는 사망으로부터 사망에 이르는
냄새요 저 사람에게는 생명으로부터 생명에 이르는 냄새라 누가
이 일을 감당하리요"(고후2:15-16)

'여호와를 경외하는 부모가 먼저 자식들을 살릴 것입니다. 동시에 나
자신을 살릴 것입니다. 생명에 이르는 냄새를 풍기는 자가 하는 일입니
다. 그렇다면 나는 어떤 존재입니까?'

* Meditatio 묵상
오늘 말씀을 통하여 깨닫게 된 것을 짧게 적어보십시오.

....

....

제 6 부

지혜로운 사람이 사람을 살린다

먼저 마음을 지켜야 한다

* Lexio 읽기 / 잠언 15:1~7

가능하면 오늘의 본문을 먼저 읽는 것이 좋지만 바로 아래 글을 읽어도 좋습니다. 충분히 본문을 이해하도록 배려하며 글을 썼습니다. 혹시 본문을 읽으신 분은 감동이 오는 말씀이나 단어 혹은 느낌을 간단히 적으시면 좋습니다.

> "지혜 있는 자의 혀는 지식을 선히 베풀고 미련한 자의 입은 미련한 것을 쏟느니라"(잠15:2)

'미련한 자의 입은 미련한 것을 쏟는다.' "미련한 것"은 곧 '미련한 말'을 뜻하는 것인데, 그것이 쏟아져 나올 때마다 벌어지는 것은 사람을 상처 입히는 것입니다.

> "온순한 혀는 곧 생명 나무이지만 패역한 혀는 마음을 상하게 하느니라"(잠15:4)

이만큼 말이 무섭습니다. 더욱이 쏟아져 나오기 때문입니다. 그렇다면 막는 법은 '입을 닫는 것', 침묵 밖에 없는 것 같습니다. 물론 매우 유효한 방법입니다. 그렇게 보입니다. 하지만 그리 단순한 문제가 아니라는 것을 잠언 기자가 지적하는데, 입이 마음과 연관되기 때문입니다.

> "지혜로운 자의 입술은 지식을 전파하여도 미련한 자의 마음은 정함이 없느니라"(잠15:7)

'정함이 없다.' 미련한 자의 마음이 제멋대로 움직이기 때문입니다. 주님은 그 마음에서 나오는 제멋대로의 생각이 얼마나 위험한지를 이미 말씀하셨습니다.

> "입에서 나오는 것들은 마음에서 나오나니 이것이야말로 사람을 더럽게 하느니라 마음에서 나오는 것은 악한 생각과 살인과 간음과 음란과 도둑질과 거짓 증언과 비방이니 이런 것들이 사람을 더럽게 하는 것이요"(마15:18-20)

잠언 기자가 마음을 지켜야 한다고 강조한 이유입니다.

> "모든 지킬 만한 것 중에 더욱 네 마음을 지키라 생명의 근원이 이에서 남이니라"(잠4:23)

마음을 지키는 것, 그 방법으로 잠언 기자는 마음에 하나님의 말씀을 새길 것을 요청하였습니다.

> "내 계명을 지켜 살며 내 법을 네 눈동자처럼 지키라 이것을 네 손가락에 매며 이것을 네 마음판에 새기라"(잠7:2-3)

"마음을 지키라!' 어떻습니까? 나의 마음에는 말씀이 새겨져 있습니까?'

* Meditatio 묵상
오늘 말씀을 통하여 깨닫게 된 것을 짧게 적어보십시오.

정직한 자의 모습은 아름답다

* Lexio 읽기 / 잠언 15:8–13

가능하면 오늘의 본문을 먼저 읽는 것이 좋지만 바로 아래 글을 읽어도 좋습니다. 충분히 본문을 이해하도록 배려하며 글을 썼습니다. 혹시 본문을 읽으신 분은 감동이 오는 말씀이나 단어 혹은 느낌을 간단히 적으시면 좋습니다.

"여호와의 눈은 어디서든지 악인과 선인을 감찰하시느니라"

(잠15:3)

우리가 오해하는 것 중 가장 큰 것은 하나님을 물질적인 관점에서 이해하는 것입니다. 우리가 돈을 좋아하고, 뇌물을 좋아하고, 많은 부를 좋아하니까 하나님도 그럴 것이라고 생각합니다. 이기적인 하나님 오해입니다. 거기에서부터 우리의 답답한 예배는 시작됩니다. 아무리 드려도 기쁨이 되지 않는 예배, 그것은 내 생각 속에 하나님을 가둔 채 드리는 이기적이고 제한적인 예배이기 때문입니다.

그러므로 우리가 바른 예배를 드리기 위하여 제일 먼저 포기하여야 할 것은 나 자신입니다. 그리고 하나님의 음성을 정직하고 겸손하게 기다리는 태도를 가져야 합니다.

"악인의 제사는 여호와께서 미워하셔도 정직한 자의 기도는 그가
기뻐하시느니라"(잠15:8)

'정직한 자의 기도를 기뻐하신다!' 정확하게 말해서 하나님은 단순히 기도를 많이 드려서 기뻐하시는 것이 아니라 정직한 자이기 때문에 기뻐하시는 것입니다. 그러므로 아무리 많은 기도를 드리고 제물을 바치더라도 정직하지 못한 자의 예배는 결코 기뻐하지 않으시는 것입니다.

결국 하나님은 눈에 보이는 것을 통하여 영광을 받으시는 것이 아니라 우리들의 삶을 통해 영광을 받으신다는 말입니다. 삶을 주시하시기 때문입니다. 우리의 올바른 삶에 대한 노력을 기뻐하시는 이유입니다.

> "나쁜 일 하면 야훼의 미움을 사지만 올바로 살려고 애쓰면 사랑
> 을 받는다."(공동번역/잠15:9)

하나님의 사랑을 받는 자, 그 마음은 당연히 평안할 것이고 풍족할 것입니다. 그 얼굴이 빛날 것입니다.

> "마음의 즐거움은 얼굴을 빛나게 하여도 마음의 근심은 심령을
> 상하게 하느니라"(잠15:13)

'나의 얼굴이 어떠한지 한번 살펴보십시오. 빛나 보입니까?'

* Meditatio 묵상
오늘 말씀을 통하여 깨닫게 된 것을 짧게 적어보십시오.

- -

- -

가난해도 하나님을 경외하며 살아야 한다

* Lexio 읽기 / 잠언 15:14-22

가능하면 오늘의 본문을 먼저 읽는 것이 좋지만 바로 아래 글을 읽어도 좋습니다. 충분히 본문을 이해하도록 배려하며 글을 썼습니다. 혹시 본문을 읽으신 분은 감동이 오는 말씀이나 단어 혹은 느낌을 간단히 적으시면 좋습니다.

> "나쁜 일 하면 야훼의 미움을 사지만 올바로 살려고 애쓰면 사랑
>
> 을 받는다."(공동번역/잠15:9)

하나님의 사랑을 받는 자, 그는 당연히 즐거울 것이고 얼굴은 빛날 것입니다. 매일 잔치를 여는 것 같기 때문입니다.

> "고난 받는 자는 그 날이 다 험악하나 마음이 즐거운 자는 항상
>
> 잔치하느니라"(잠15:15)

진정한 평화와 즐거움, 쾌락은 오직 하나님 때문이라는 것을 알기 때문입니다. 그래서 가난의 길이라도 즐거움으로 걷는 것입니다. 일부러 가난을 택한다는 뜻이 아니라 부요가 하나님을 방해하게 한다면 가난이더라도 하나님을 경외하는 것을 택하기 때문입니다.

> "재산을 쌓아 놓고 다투며 사는 것보다 가난해도 야훼를 경외하
>
> 며 사는 것이 낫다."(공동번역/잠15:16)

이처럼 하나님을 경외하는 자의 삶은 다른 삶의 방법으로 나타납니다. 사랑하며 동시에 먹고 입고, 세상의 쾌락적인 것들에 지배 되지 않습니다. 하나님을 경외하며 사는 것이 어떤 것들보다 더 쾌락이기 때문입니다.

> "채소를 먹으며 서로 사랑하는 것이 살진 소를 먹으며 서로 미워
> 하는 것보다 나으니라"(잠15:17)

부요함이 문제 있다는 뜻이 아닙니다. 하나님 앞에서 가난한 자와 부한 자의 차별은 의미 없습니다.

> "가난한 자와 부한 자가 함께 살거니와 그 모두를 지으신 이는 여
> 호와시니라"(잠22:2)

게으름 때문에(잠10:4), 세상 쾌락을 즐김으로(잠21:17), 혹은 나태와 방탕함으로(잠23:21) 인해 가난해진 자들이 있기 때문입니다. 이런 것들은 미련한 것들입니다. 굽은 길로 들어선 것과 같을 뿐입니다. 그러므로 어떤 태도를 가진 어떤 존재인지를 물어봐야 합니다.

> "무지한 자는 미련한 것을 즐겨 하여도 명철한 자는 그 길을 바르
> 게 하느니라"(잠15:21)

'가난해도 하나님을 경외하며 살고 있습니까?'

* Meditatio 묵상
오늘 말씀을 통하여 깨닫게 된 것을 짧게 적어보십시오.

하나님을 생각하면서 헤아려 말을 한다

* Lexio 읽기 / 잠언 15:23-29

가능하면 오늘의 본문을 먼저 읽는 것이 좋지만 바로 아래 글을 읽어도 좋습니다. 충분히 본문을 이해하도록 배려하며 글을 썼습니다. 혹시 본문을 읽으신 분은 감동이 오는 말씀이나 단어 혹은 느낌을 간단히 적으시면 좋습니다.

"온순한 혀는 곧 생명 나무이지만 패역한 혀는 마음을 상하게 하
느니라"(잠15:4)

지혜로운 사람, 즉 하나님을 경외하고 겸손한 하나님의 사람들의 언어는 "생명 나무" 같아서 많은 사람들에게 생명과 희망을 줍니다. 시의적절하게 나오는 "때에 맞는 말"이기 때문입니다.

"사람은 그 입의 대답으로 말미암아 기쁨을 얻나니 때에 맞는 말
이 얼마나 아름다운고"(잠15:23)

"때에 맞는 말"은 자동적으로 나오는 것이 아닙니다. 아름답고 때에 맞는 말은 깊은 영성에서 나옵니다. 그런 점에서 언어는 마음의 반응일 수밖에 없습니다. 그래서 지혜로운 사람, 곧 의인들은 말하기 전에 우선 깊이 생각합니다.

"의인의 마음은 대답할 말을 깊이 생각하여도"(잠15:28)

사실 질투와 시기에 쌓인 언어, 왜곡된 언어, 미움과 전쟁의 언어들에 이르기까지 늘 언어는 마음속에 이루어진 질투, 왜곡, 미움 등에서 나옵니다. 반면에 지혜로운 자는 쉽고 편하게 말을 내뱉는 것이 아니라 하나님과의 바른 관계 속에서 하나님을 생각하면서 말을 합니다. 성령의 인도하심에 따라 민감하게 말하기를 시도합니다.

사실 이 세상의 많은 사람들이 매우 감정적으로 움직입니다. 그러나 지혜로운 사람은 하나님의 통치를 받아서 사는 사람입니다. 그는 하나님의 아름다운 성품들을 닮아갈 것입니다. 당연히 노하기를 더디 할 것이며 오래 참고 선한 말을 하는 아름다운 사람이 될 것입니다. 그리고 하나님은 이처럼 아름다운 사람의 언어, 곧 기도에도 기쁘게 응답할 것입니다.

"여호와는 악인을 멀리 하시고 의인의 기도를 들으시느니라"

(잠15:29)

'기도의 응답이 이루어지지 않은 이유는 혹시 나의 마음의 언어가 미련하기 때문은 아닙니까?'

* Meditatio 묵상
오늘 말씀을 통하여 깨닫게 된 것을 짧게 적어보십시오.

하나님이 주도적으로 우리 삶에 개입하시다

* Lexio 읽기 / 잠언 15:22,30-16:2

가능하면 오늘의 본문을 먼저 읽는 것이 좋지만 바로 아래 글을 읽어도 좋습니다. 충분히 본문을 이해하도록 배려하며 글을 썼습니다. 혹시 본문을 읽으신 분은 감동이 오는 말씀이나 단어 혹은 느낌을 간단히 적으시면 좋습니다.

"의논이 없으면 경영이 무너지고 지략이 많으면 경영이 성립하느니라"(잠15:22)

옳은 이야기입니다. 여러 사람들의 의견을 듣고 참조하여 경영하는 것이 옳습니다. 하지만 잠언 기자는 이보다 더 중요한 것이 있다고 말합니다.

"마음의 경영은 사람에게 있어도 말의 응답은 여호와께로부터 나오느니라"(잠16:1)

공동번역은 좀 더 직설적으로 번역하였습니다.

"계획은 사람이 세우고 결정은 야훼께서 하신다."(공동번역/잠16:1)

'하나님이 하신다.' 우리 크리스천은 이 사실을 믿습니다. 그러므로 크리스천에게 중요한 것은 우리 자신이 세우는 계획보다 하나님의 뜻을 묻는 것입니다. 그것이 바로 여호와를 경외하는 것입니다. 인생의 지도를 말하는 잠언 기자가 반복하는 권면입니다.

> "여호와를 경외하는 것은 지혜의 훈계라 겸손은 존귀의 길잡이
> 니라"(잠15:33)

그렇다면 왜 하나님은 우리가 계획할지라도 우리의 인생에 개입하시고 관여하시는 것입니까? 그것은 우리의 계획이 옳은 것처럼 보여도 옳지 않을 수 있기 때문입니다. 바로 내면의 문제입니다.

> "사람의 행위가 자기 보기에는 모두 깨끗하여도 여호와는 심령(속
> 생각/공동번역)을 감찰하시느니라"(잠16:2)

"속생각", 곧 바울이 말한 것처럼 "원하지 아니하는 바 악을 행하는"(롬7:19) 나, 죄의 지배를 받고 있는 나의 경향 때문입니다. 터져 나오는 생각의 지배적 힘을 우리가 어찌할 수 없다는 것을 경험합니다. 하나님은 그것을 알고 계십니다. 그런 까닭에 하나님이 우리 삶에 개입하시고 주도하시는 것입니다. 우리가 지금까지 무너지지 않고 살아온 결정적인 이유입니다.

'하나님께서 주도적으로 개입하신 경우들이 언제였는지 생각해 보십시오.'

* Meditatio 묵상
오늘 말씀을 통하여 깨닫게 된 것을 짧게 적어보십시오.

하나님께 맡기는 것이 옳다

* Lexio 읽기 / 잠언 16:1–9

가능하면 오늘의 본문을 먼저 읽는 것이 좋지만 바로 아래 글을 읽어도 좋습니다. 충분히 본문을 이해하도록 배려하며 글을 썼습니다. 혹시 본문을 읽으신 분은 감동이 오는 말씀이나 단어 혹은 느낌을 간단히 적으시면 좋습니다.

"계획은 사람이 세우고 결정은 야훼께서 하신다."(공동번역/잠16:1)

어렸을 때 버스를 타면 운전기사 아저씨 뒤에 앉기를 좋아했습니다. 그렇게 아저씨 뒤에 타기를 좋아하는 이유는 마치 내가 운전수가 된 기분 때문이었습니다. 그래서 나는 내 나름대로 상상 속 운전을 합니다. 왼쪽으로 갔다가 오른쪽으로 가기도하고 그리고 갑작스러운 급정거도 해봅니다. 그런데 이 같이 내가 운전할지라도 한 번도 내가 운전하는 대로 버스가 운행되는 것을 본 적은 없었습니다. 왜냐하면 그 버스의 운전수는 내가 아니라 그 기사 아저씨였기 때문입니다. 결코 내 마음대로 움직일 수 없었습니다.

비유가 약간 지나쳐 보일 수 있지만 잠언 기자는 아예 이렇게 말합니다.

"사람이 마음으로 자기의 길을 계획할지라도 그의 걸음을 인도하시는 이는 여호와시니라"(잠16:9)

그런데 우리는 우리 마음대로 우리 인생을 운영할 수 있다고 생각합니다. 하지만 하나님은 우리 뜻대로 우리 인생이 움직이는 것을 허용하지 않으십니다. 그것은 우리의 결정이 언제나 온전하고 정확한 결정임을 보장하지 않기 때문입니다.

그렇다면 왜 하나님은 우리의 삶에 개입하시는 것입니까? 우리가 하나님의 자녀이기 때문입니다. 우리가 아름다운 삶을 사는 것이 그분의 뜻이기 때문이고, 더욱이 가장 좋은 것을 그분이 아시기 때문입니다. 그런 까닭에 잠언 기자는 다음과 같이 권면한 것입니다.

> "너의 행사를 여호와께 맡기라 그리하면 네가 경영하는 것이 이
> 루어지리라"(잠16:3)

우리는 주도적으로 우리 인생을 살 수 있습니다. 문제는 우리의 무지와 어리석음입니다. 그래서 하나님께 의뢰하는 것이 잘하는 것입니다. 하나님께서는 진정으로 우리의 모든 것을 아시고 우리를 언제나 사랑하시기 때문입니다.

'내 삶을 염려하지 않고 하나님께 맡기는 것, 그것이 신앙의 핵심입니다. 당신은 어떻습니까?'

* Meditatio 묵상
오늘 말씀을 통하여 깨닫게 된 것을 짧게 적어보십시오.

하나님의 말씀을 말하는 왕을 소망한다

* Lexio 읽기 / 잠언 16:10-15
가능하면 오늘의 본문을 먼저 읽는 것이 좋지만 바로 아래 글을 읽어도 좋습니다. 충분히 본문을 이해하도록 배려하며 글을 썼습니다. 혹시 본문을 읽으신 분은 감동이 오는 말씀이나 단어 혹은 느낌을 간단히 적으시면 좋습니다.

"하나님의 말씀이 왕의 입술에 있은즉 재판할 때에 그의 입이 그르치지 아니하리라"(잠16:10)

정말 그리 되게 하소서
이 땅의 왕이 하나님을 알고
그 입의 말이
하나님의 말씀에 기초하게 하소서

오로지 하나님의 마음을 좇아
백성들을 사랑하고
흩어진 민족을 다시 하나 되게 하는
지혜로운 왕이 되게 하소서

하나님의 말씀이
왕의 입술에 있은즉
세상을 설득하고
세상을 살리는 지혜가 되게 하소서

그 날이 속히 오게 하소서

우리 민족의 역사 속에 하나님을 섬기고 하나님의 통치하심을 받는 왕, 하나님 말씀에 기초한 왕이 세워지는 것은 축복입니다. 당연히 그 왕은 악을 미워할 것이고 정의를 세울 것이기 때문입니다.

> "악을 행하는 것은 왕들이 미워할 바니 이는 그 보좌가 공의로 말
> 미암아 굳게 섬이니라"(잠16:12)

이러한 왕이 통치하는 나라에서 왕의 기쁨은 그 나라에 사는 백성들에게도 동일한 기쁨이 될 것입니다. 하나님의 뜻을 따라 통치하기 때문입니다.

> "임금의 기쁨은 봄비를 실어오는 구름과 같아 그 얼굴에 화기가
> 돌아야 모두가 살게 된다."(공동번역/잠16:15)

정말 그리 되게 하소서
하나님의 말씀으로 말하는 왕이
이 땅의 왕이 되게 하소서
그 날이 속히 오게 하소서

'하나님의 말씀을 마음에 품고 그 입술이 하나님의 말씀에 기초한 정의를 말하며 하나님의 의에 기초한 통치를 하는 대통령이 우리 민족에게 허락되게 하소서. 주님.'

* Meditatio 묵상
오늘 말씀을 통하여 깨닫게 된 것을 짧게 적어보십시오.

147

지혜를 얻는 것이 금보다 낫다

* Lexio 읽기 / 잠언 16:16-19

가능하면 오늘의 본문을 먼저 읽는 것이 좋지만 바로 아래 글을 읽어도 좋습니다. 충분히 본문을 이해하도록 배려하며 글을 썼습니다. 혹시 본문을 읽으신 분은 감동이 오는 말씀이나 단어 혹은 느낌을 간단히 적으시면 좋습니다.

> "지혜를 얻는 것이 금을 얻는 것보다 얼마나 나은고 명철을 얻는
> 것이 은을 얻는 것보다 더욱 나으니라"(잠16:16)

잠언을 읽기 시작하면서부터 끊임없이 들었던 권면입니다. 지혜는 하나님으로부터 온 것이기 때문이고 그 사람을 지키는 방패가 되기 때문입니다.

> "대저 여호와는 지혜를 주시며 지식과 명철을 그 입에서 내심이
> 며 그는 정직한 자를 위하여 완전한 지혜를 예비하시며 행실이
> 온전한 자에게 방패가 되시나니"(잠2:6-7)

더불어 그 지혜가 온전히 하나님을 아는 지식에 이르게 하고 영혼은 쾌락한 즐거움에 이르게 할 것입니다.

> "지혜가 네 마음에 들어가며 지식이 네 영혼을 즐겁게 할 것이
> 요"(잠2:10)

잊지 말아야 할 것은 그 지혜가 나에게서 나온 것이 아니라 하나님에게서 온 것이란 사실입니다. 절대로 스스로를 지혜롭게 여기는 잘못을 범하지 말아야 하는 까닭입니다. 모든 경우에 주를 인정해야 하는 이유입니다.

> "너는 범사에 그를 인정하라 그리하면 네 길을 지도하시리라 스스로 지혜롭게 여기지 말지어다"(잠3:6-7)

그러므로 스스로를 지혜롭게 여기게 하는 교만은 패망에 이르는 길일 수밖에 없습니다.

> "교만은 패망의 선봉이요 거만한 마음은 넘어짐의 앞잡이니라"
> (잠16:18)

미국의 제 17대 존슨 대통령이 시카고의 힐튼 호텔에 하룻밤을 묵게 되었습니다. 힐튼 호텔 측은 충분히 홍보할 수 있는 기회라고 생각했습니다. 그래서 다음날 아침 호텔 측은 요리사를 총동원해서 최고의 조찬을 준비하였습니다. 그러나 막상 아침 식사 시간이 되었을 때 대통령이 주문한 음식은 고작 샌드위치 한 조각과 커피 한잔이었습니다.

> "겸손한 자와 함께 하여 마음을 낮추는 것이 교만한 자와 함께 하여 탈취물을 나누는 것보다 나으니라"(잠16:19)

'지혜로운 자의 삶은 어떤 삶이라고 생각하십니까?'

* Meditatio 묵상
오늘 말씀을 통하여 깨닫게 된 것을 짧게 적어보십시오.

지혜로운 사람이 사람을 살린다

* Lexio 읽기 / 잠언 16:20-25

가능하면 오늘의 본문을 먼저 읽는 것이 좋지만 바로 아래 글을 읽어도 좋습니다. 충분히 본문을 이해하도록 배려하며 글을 썼습니다. 혹시 본문을 읽으신 분은 감동이 오는 말씀이나 단어 혹은 느낌을 간단히 적으시면 좋습니다.

"삼가 말씀에 주의하는 자는 좋은 것을 얻나니 여호와를 의지하는 자는 복이 있느니라"(잠16:20)

지혜를 가진 자들의 태도입니다. 말씀 속에 지혜가 들어있기 때문입니다. 잠언 기자가 권고와 훈계를 강조한 이유입니다. 지혜롭게 되기 때문입니다.

"너는 권고를 들으며 훈계를 받으라 그리하면 네가 필경은 지혜롭게 되리라"(잠19:20)

주의할 것은 계속 그 지혜에 거하는 것입니다. 늘 말씀을 듣고 더 하나님 알기를 쉬지 말아야 합니다. 들을수록, 깨달을수록 더 지혜로워지기 때문입니다.

"지혜 있는 자는 듣고 학식이 더할 것이요 명철한 자는 지략을 얻을 것이라"(잠1:5)

다른 종류의 지식이 나온다는 뜻입니다. 매일 더해지는 지혜의 깊이가 깊어지고 다른 지식에 이르게 하기 때문입니다.

> "지혜로운 자의 마음은 그의 입을 슬기롭게 하고 또 그의 입술에
> 지식을 더하느니라"(잠16:23)

일반적으로 사람들은 스스로 바른 길에 들어섰다고 생각합니다. 그러나 사망의 길일 수 있다고 잠언 기자는 우려합니다.

> "어떤 길은 사람이 보기에 바르나 필경은 사망의 길이니라"
> (잠16:25)

그러므로 지혜로운 사람이 있어야 합니다. 지혜를 가진 사람은 다른 사람들을 살리는 교훈을 전하기 때문입니다.

> "지혜 있는 자의 교훈은 생명의 샘이니 사망의 그물에서 벗어나
> 게 하느니라"(잠13:14)

지혜로운 자와의 동행이 아름다운 이유입니다.

> "지혜로운 자와 동행하면 지혜를 얻고 미련한 자와 사귀면 해를
> 받느니라"(잠13:20)

'지혜로운 사람이 사람을 살립니다. 꼭 기억하십시오.'

* Meditatio 묵상
오늘 말씀을 통하여 깨닫게 된 것을 짧게 적어보십시오.

여호와를 경외하는 자는 악을 미워한다

* Lexio 읽기 / 잠언 16:26-33
가능하면 오늘의 본문을 먼저 읽는 것이 좋지만 바로 아래 글을 읽어도 좋습니다. 충분히 본
문을 이해하도록 배려하며 글을 썼습니다. 혹시 본문을 읽으신 분은 감동이 오는 말씀이나
단어 혹은 느낌을 간단히 적으시면 좋습니다.

"불량한 자는 악을 꾀하나니 그 입술에는 맹렬한 불 같은 것이 있

느니라"(잠16:27)

불량한 자, 가치 없는 자, 악인들의 특징입니다. 악을 꾀하고 도모하
는 것 말입니다. 분명히 그들의 에너지는 "맹렬한 불 같은 것"이어서
강력해 보입니다. 당연히 "좋지 아니한 길"로 들어서게 합니다.

"강포한 사람은 그 이웃을 꾀어 좋지 아니한 길로 인도하느니라"

(잠16:29)

하지만 회오리바람처럼 일시적입니다(잠10:25). 악은 영원하지 않을
뿐 아니라 그들을 멸하시는 것이 하나님의 뜻이기 때문입니다.

"의로우신 자는 악인의 집을 감찰하시고 악인을 환난에 던지시

느니라"(잠21:12)

152

그런데 가끔 우리는 악인들의 말에 귀를 기울이고 그것에 빠지기도 합니다. 잠언 기자는 그 이유를 우리에게 그런 존재의 경향이 있기 때문이라고 말합니다.

> "악을 행하는 자는 사악한 입술이 하는 말을 잘 듣고 거짓말을 하
> 는 자는 악한 혀가 하는 말에 귀를 기울이느니라"(잠17:4)

그러므로 악인의 길에 합류하지 않고 의인의 길에 들어서는 것은 여호와를 경외하는 것에서부터 시작됩니다. 여호와를 경외하는 것의 시작이 악을 미워하는 것이기 때문입니다.

> "여호와를 경외하는 것은 악을 미워하는 것이라 나는 교만과 거
> 만과 악한 행실과 패역한 입을 미워하느니라"(잠8:13)

무엇보다 잊지 말아야 할 것은 인생의 모든 주도권이 하나님에게 있다는 사실입니다. 잠언 기자가 짧게 정리하였습니다. 재미있게 번역하였습니다.

> "주사위는 사람이, 결정은 야훼께서."(공동번역/잠16:33)

"여호와를 경외하는 것은 악을 미워하는 것에서부터!"

* Meditatio 묵상
오늘 말씀을 통하여 깨닫게 된 것을 짧게 적어보십시오.

_____

_____

하나님은 우리 마음을 연단하신다

* Lexio 읽기 / 잠언 17:4

가능하면 오늘의 본문을 먼저 읽는 것이 좋지만 바로 아래 글을 읽어도 좋습니다. 충분히 본문을 이해하도록 배려하며 글을 썼습니다. 혹시 본문을 읽으신 분은 감동이 오는 말씀이나 단어 혹은 느낌을 간단히 적으시면 좋습니다.

- -

- -

"모든 지킬 만한 것 중에 더욱 네 마음을 지키라 생명의 근원이

이에서 남이니라"(잠4:23)

마음은 우리들의 삶의 모습을 나타내는 진원지입니다. 그래서 하나님은 마음을 매우 중요하게 여기셨습니다. 잠언 기자가 강조한 이유입니다. 그런 까닭에 하나님은 우리의 마음을 연단하십니다. 마치 은과 금을 만들기 위해 불로 연단하여 불순물을 제거하듯이 말입니다.

"도가니는 은을, 풀무는 금을 연단하거니와 여호와는 마음을 연

단하시느니라"(잠17:3)

물론 하나님이 일부러 악한 것들을 이용하여 우리를 미혹하는 시험은 하지 않으시지만 우리를 테스트하는 의미에서 시험도 하십니다. 하나님이 하시는 시험이 어려울 수 있지만 우리가 감당할 정도로만 사용하십니다.

"사람이 감당할 시험 밖에는 너희가 당한 것이 없나니"(고전10:13)

이 같은 사실을 깨달은 지혜로운 사람 바울은 우리에게 환난에 대한 태도를 가르쳐주었습니다.

> "다만 이뿐 아니라 우리가 환난 중에도 즐거워하나니 이는 환난
> 은 인내를, 인내는 연단을, 연단은 소망을 이루는 줄 앎이로다"
> (롬5:3-4)

반면에 자기 욕심에 빠져 당하는 유혹과 시험은 아주 깊은 나락에 빠질 수도 있습니다. 그것은 하나님이 하시는 시험이 아니기 때문입니다. 그러므로 모든 시험을 두려워할 이유는 없습니다. 하나님으로부터 나온 시험은 우리를 언제나 새롭게 빚으시는 하나님의 도구이기 때문입니다.

> "내가 가는 길을 그가 아시나니 그가 나를 단련하신 후에는 내가
> 순금 같이 되어 나오리라"(욥23:10)

이제 중요한 것은 자신의 마음을 주시하며 하나님 앞에 바로 서는 것입니다. 하나님의 인도를 신뢰하면서 말입니다.

'늘 마음을 주의하십시오. 마음을 뺏겨서는 안 됩니다. 마음의 순결을 놓치지 말아야 합니다.'

* Meditatio 묵상
오늘 말씀을 통하여 깨닫게 된 것을 짧게 적어보십시오.

의인은 아름다운 삶을 산다

* Lexio 읽기 / 잠언 17:1-12

가능하면 오늘의 본문을 먼저 읽는 것이 좋지만 바로 아래 글을 읽어도 좋습니다. 충분히 본문을 이해하도록 배려하며 글을 썼습니다. 혹시 본문을 읽으신 분은 감동이 오는 말씀이나 단어 혹은 느낌을 간단히 적으시면 좋습니다.

> "마른 떡 한 조각만 있고도 화목하는 것이 제육이 집에 가득하고
> 도 다투는 것보다 나으니라"(잠17:1)

'어떤 집이 행복한 집인가?' 하고 물을 때 인용하는 구절입니다. 분명히 "마른 떡 한 조각"만 있는 집이라면 가난한 집입니다. 그래도 화목할 수 있습니다. 즉, 화목이란 물질적이지 않다는 뜻입니다. 그래서 가난해도 아름다울 수 있는 것입니다. 가난을 조롱할 수 없는 이유입니다.

> "가난한 자를 조롱하는 자는 그를 지으신 주를 멸시하는 자요 사
> 람의 재앙을 기뻐하는 자는 형벌을 면하지 못할 자니라"(잠17:5)

이처럼 잠언 17장은 아름다운 삶에 대하여 적고 있습니다. 거짓은 존귀한 자에게 합당하지 않습니다.

> "지나친 말을 하는 것도 미련한 자에게 합당하지 아니하거든 하

물며 거짓말을 하는 것이 존귀한 자에게 합당하겠느냐"(잠17:7)

다른 사람의 허물과 아픔은 덮어주는 것이 옳습니다. 사랑은 그런 사람에게 찾아오는 열매 같은 것입니다.

"허물을 덮어 주는 자는 사랑을 구하는 자요 그것을 거듭 말하는
자는 친한 벗을 이간하는 자니라"(잠17:9)

자신의 허물은 스스로 돌아보고, 누군가의 지적은 가슴 깊이 새겨 넣습니다.

"한 마디 말로 총명한 자에게 충고하는 것이 매 백 대로 미련한
자를 때리는 것보다 더욱 깊이 박히느니라"(잠17:10)

미련한 자, 악인과 다른 부분입니다. 그래서 잠언 기자는 이들을 아예 '반역만 힘쓰는' 자들이라고 규정하였습니다.

"악한 자는 반역만 힘쓰나니 그러므로 그에게 잔인한 사자가 보
냄을 받으리라"(잠17:11)

'의인은 아름답습니다. 가난하든 부요하든 관계없습니다. 아름다움
은 그 존재됨에서 나오기 때문입니다.'

* Meditatio 묵상
오늘 말씀을 통하여 깨닫게 된 것을 짧게 적어보십시오.

비뚤어진 마음으로 하나님을 믿는다

* Lexio 읽기 / 잠언 17:13-20
가능하면 오늘의 본문을 먼저 읽는 것이 좋지만 바로 아래 글을 읽어도 좋습니다. 충분히 본문을 이해하도록 배려하며 글을 썼습니다. 혹시 본문을 읽으신 분은 감동이 오는 말씀이나 단어 혹은 느낌을 간단히 적으시면 좋습니다.

- -

- -

"누구든지 악으로 선을 갚으면 악이 그 집을 떠나지 아니하리라"

(잠17:13)

악한 자들이 사는 삶의 방법입니다. 그런데 이상한 일은 그들도 지혜를 사려하는 것입니다.

"미련한 자는 무지하거늘 손에 값을 가지고 지혜를 사려 함은 어찜인고"(잠17:16)

미련한 자들의 이 같은 행동이 이상해 보일 수 있습니다. 하지만 본문의 의미를 히브리어 원문에 충실하여 읽으면 "무지하거늘"이라는 말에 '마음에는 없으면'이라는 의미가 내포되어 있음을 알 수 있습니다. 다시 번역하면 이렇습니다.

"미련한 자가 마음에는 없으면서 값을 가지고 지혜를 사려하는 이유는 무엇인가?"(하정완역/잠17:16)

158

그러니까 이 말씀의 뜻은 마음에는 없지만 하나님을 믿고 마치 액세서리처럼 예수의 십자가를 걸친다는 뜻으로 해석할 수 있습니다. 이런 태도는 믿음을 일반적인 종교 행위 정도로 전락시키거나 자신을 부분적으로 위로하고 근사하게 만드는 장식품 정도로 만들고 맙니다.

오늘날 기독교의 문제점도 이처럼 마음은 주님을 생각하지도, 사모하지도 않으면서 겉으로만, 사교적으로, 취미로, 폼으로 주님을 믿고 있는데 있습니다.

그래서 하나님을 믿지만 평안이 없는 것입니다. 그런 신앙을 하나님은 기뻐하시지 않기 때문이고, 당연히 하나님이 우리 안에 내주하지 않으시기 때문입니다. 마음이 구부러진 상태이기 때문입니다. 형통할 수 없는 이유입니다.

> "마음이 비뚤어진 사람은 형통하지 못하고, 그 혀로 남을 해치는
> 말을 하는 자는 재앙에 빠진다."(쉬운성경/잠17:20)

이미 마음은 비뚤어져 하나님에게 순종하는 것이 아닌 반역적 삶을 사니(잠17:11), 그에게 신앙은 액세서리에 불과합니다. 그에게 무슨 소망이 있겠습니까? 그가 사는 가정과 나라는 얼마나 불행한 것입니까?

'나의 마음은 어떻습니까? 비뚤어진 마음은 아닙니까?'

* Meditatio 묵상
오늘 말씀을 통하여 깨닫게 된 것을 짧게 적어보십시오.

진정한 효(孝)는 지혜와 관계있다

* Lexio 읽기 / 잠언 17:21-28

가능하면 오늘의 본문을 먼저 읽는 것이 좋지만 바로 아래 글을 읽어도 좋습니다. 충분히 본문을 이해하도록 배려하며 글을 썼습니다. 혹시 본문을 읽으신 분은 감동이 오는 말씀이나 단어 혹은 느낌을 간단히 적으시면 좋습니다.

> "미련한 자를 낳는 자는 근심을 당하나니 미련한 자의 아비는 낙
> 이 없느니라"(잠17:21)

미련한 자, 잠언 기자가 이야기 했듯이 그들은 하나님을 경외하지 않는 자들입니다.

> "여호와를 경외하는 것이 지식의 근본이거늘 미련한 자는 지혜와
> 훈계를 멸시하느니라"(잠1:7)

미련한 자들은 서서히 자기 자신을 "퇴보"와 "안일"로 이끌어갑니다. 자기가 죽어갑니다. 자신은 전혀 의식하지 못한 채 말입니다.

> "어리석은 자의 퇴보는 자기를 죽이며 미련한 자의 안일은 자기
> 를 멸망시키려니와"(잠1:32)

당연히 이들은 죄를 가볍게 여기기 때문입니다.

"미련한 자는 죄를 심상히 여겨도 정직한 자 중에는 은혜가 있느
니라"(잠14:9)

이 미련한 자의 삶을 가장 괴로워할 자는 두말할 것도 없이 그의 아
버지와 어머니입니다. "근심"과 "고통"이 아들의 이름이 된 것입니다.

"미련한 아들은 그 아비의 근심이 되고 그 어미의 고통이 되느니
라"(잠17:25)

그러므로 지혜로운 자들, 하나님의 말씀과 법을 따르는 것이 그 자체
로 효(孝)라 할 것입니다.

"지혜로운 아들은 아비를 기쁘게 하거니와 미련한 아들은 어미의
근심이니라"(잠10:1)

"내 아들아 나의 법을 잊어버리지 말고 네 마음으로 나의 명령을
지키라"(잠3:1)

'진정한 효(孝)는 지혜로운 자가 되는 것입니다. 미련하여 어리석음
으로 사는 자가 아니라 하나님의 뜻을 따라 사는 자가 되는 것입니다.
그것이 진정한 효(孝)라 할 것입니다.'

* Meditatio 묵상
오늘 말씀을 통하여 깨닫게 된 것을 짧게 적어보십시오.

- -

- -

제 7 부

바르게 사는 것이 쾌락이다

미련한 자에게 침묵은 없다

* Lexio 읽기 / 잠언 18:1-8

가능하면 오늘의 본문을 먼저 읽는 것이 좋지만 바로 아래 글을 읽어도 좋습니다. 충분히 본문을 이해하도록 배려하며 글을 썼습니다. 혹시 본문을 읽으신 분은 감동이 오는 말씀이나 단어 혹은 느낌을 간단히 적으시면 좋습니다.

"여호와를 경외하는 것이 지식의 근본이거늘 미련한 자는 지혜와 훈계를 멸시하느니라"(잠1:7)

미련한 자의 이야기는 끝이 없습니다. 이처럼 끝이 없는 이유는 계속 미련하기 때문입니다. '듣기 싫어하고 자기 생각만 주장하기에' 벌어지는 일입니다.

"미련한 자는 깨우쳐 주는 말을 싫어하고 제 생각만 내세우려 한다."(공동번역/잠18:2)

'미련한 자, 자기 생각으로만 사는 사람.' 그런 까닭에 미련한 자가 입을 열면 다툼이 일어납니다. 오로지 자기 말만 쏟아내기 때문입니다.

"미련한 자의 입술은 다툼을 일으키고 그의 입은 매를 자청하느니라"(잠18:6)

궁극적으로 미련한 자의 말은 자신을 멸망시킵니다. 닫힌 언어이기 때문입니다. 그 방향의 최후는 자기 자신입니다.

> "미련한 자의 입은 그의 멸망이 되고 그의 입술은 그의 영혼의 그
> 물이 되느니라"(잠18:7)

미련한 자에게 침묵은 없습니다. 미련하지 않은 것처럼 보이기 위해서라도 무엇이든 말을 해야 할 것 같이 입이 근질근질합니다. 그러다 누군가를 비난하거나 트집 잡을만한 일이 생기면 견딜 수 없습니다. 맛있습니다. 참 잠언의 표현이 재미있습니다.

> "남의 말하기를 좋아하는 자의 말은 별식과 같아서 뱃속 깊은 데
> 로 내려가느니라"(잠18:8)

그래서 지혜로운 자가 귀한 것입니다. 그의 말에는 지혜가 흐르고 우리를 깊은 성찰로 이끌기 때문입니다.

> "명철한 사람의 입의 말은 깊은 물과 같고 지혜의 샘은 솟구쳐 흐
> 르는 내와 같으니라"(잠18:4)

'맑은 시냇물 같은 말을 하는 지혜로운 자를 만나면 꼭 고맙다고 말하십시오.'

* Meditatio 묵상
오늘 말씀을 통하여 깨닫게 된 것을 짧게 적어보십시오.

미련한 자는 안일하다

* Lexio 읽기 / 잠언 18:9-24
가능하면 오늘의 본문을 먼저 읽는 것이 좋지만 바로 아래 글을 읽어도 좋습니다. 충분히 본
문을 이해하도록 배려하며 글을 썼습니다. 혹시 본문을 읽으신 분은 감동이 오는 말씀이나
단어 혹은 느낌을 간단히 적으시면 좋습니다.

"어리석은 자의 퇴보는 자기를 죽이며 미련한 자의 안일은 자기

를 멸망시키려니와"(잠1:32)

"미련한 자의 안일", 그것의 근원은 "제 생각만 내세우려"(공동번역/
잠18:2) 하는 내면의 경향입니다. 이상한 자기 연민에 빠져 삽니다. 이
것의 결론은 게으름으로 드러납니다.

"자기의 일을 게을리하는 자는 패가하는 자의 형제니라"(잠18:9)

어리석은 멸망으로 들어서는 이 미련한 자의 안일과 게으름은 무엇
때문입니까? 왜 미련한 자들은 이 같은 결정을 하는 것입니까? 앞에서
이야기했듯이 자기만을 내세우는 경향 때문입니다. 알기 쉬운 말로 하
여 교만 때문입니다.

그래서 잠언 기자는 "미련한 자는 교만"(잠14:3)하다고 말하였습니
다. 패망에 이르는 이유입니다.

"사람의 마음의 교만은 멸망의 선봉이요 겸손은 존귀의 길잡이
니라"(잠18:12)

　미련한 자, 마음은 닫혀서 지혜를 구하지 않으며 오로지 자기가 자신
의 중심이 되어 제 생각만 내세우고 살아갑니다. 더욱이 하나님을 모르
고, 자신을 모르니 언제나 안일을 추구하고 게으르기가 한량없습니다.

"명철한 자의 마음은 지식을 얻고 지혜로운 자의 귀는 지식을 구
하느니라"(잠18:15)

　미련한 자와 달리 지혜로운 자들은 하나님 알기를 더욱 시도합니다.
그러므로 매일 쌓여가는 하나님을 아는 지식과 더 깊어지는 깨달음, 그
런 까닭에 지혜로운 자들이 사람을 살리는 것입니다. 그래서 잠언 기자
가 이렇게 권면한 것입니다.

"지혜로운 자와 동행하면 지혜를 얻고 미련한 자와 사귀면 해를
받느니라"(잠13:20)

　"'의인의 빛은 환하게 빛나고"(잠13:9). 당연한 일입니다. 하나님을
아는 지식으로 가득한 사람이기 때문입니다. 그래서 사람을 살리는 사
람이 되는 것입니다. 그런 사람을 한 명이라도 만나면 얼마나 좋겠습니
까?'

* Meditatio 묵상
오늘 말씀을 통하여 깨닫게 된 것을 짧게 적어보십시오.

심령, 마음, 그리고 몸은 서로 관계있다

* Lexio 읽기 / 잠언 18:14
가능하면 오늘의 본문을 먼저 읽는 것이 좋지만 바로 아래 글을 읽어도 좋습니다. 충분히 본문을 이해하도록 배려하며 글을 썼습니다. 혹시 본문을 읽으신 분은 감동이 오는 말씀이나 단어 혹은 느낌을 간단히 적으시면 좋습니다.

> "마음의 즐거움은 얼굴을 빛나게 하여도 마음의 근심은 심령을
> 상하게 하느니라"(잠15:13)

마음의 근심은 위험합니다. "심령을 상하게" 하기 때문이라고 잠언 기자는 말합니다. 여기서 알게 되는 것은 심령과 마음, 그리고 몸의 밀접한 관계입니다. 잠언 기자는 그 연관성을 이렇게 설명했습니다.

> "사람의 심령은 그의 병을 능히 이기려니와 심령이 상하면 그것
> 을 누가 일으키겠느냐"(잠18:14)

여기서 "심령/사람의 영"(개역개정/쉬운성경)과 마음의 관계를 살펴볼 필요가 있습니다. "심령"은 히브리어 '루아흐'를 번역한 것인데 '마음'과는 본질적으로 다릅니다. '루아흐'는 하나님의 영으로 해석되기도 하고(창1:2; 시63:10) 사람의 생명인 영으로 해석되어지기도 합니다. 즉 우리 안에 있는 심령 '루아흐'는 하나님의 영과 만나는 연결점인 것입니다. 그리고 하나님의 영으로 충만하여진 심령이 우리의 내적 존재 양식인 '마음'을 움직이는 것입니다. 그래서 성서는 늘 이 둘을 연관시

켜 말합니다.

> "하나님이여 내 속에 정한 마음을 창조하시고 내 안에 정직한 영
> 을 새롭게 하소서"(시51:10)

즉 하나님이 통치하는 마음은 하나님을 의존하는 영에 의해 이루어
지는 것입니다. 또한 마음과 심령은 몸에 영향을 줍니다. 서로 연관이
있기 때문입니다.

> "마음의 즐거움은 양약이라도 심령의 근심은 뼈를 마르게 하느
> 니라"(잠17:22)

'하나님의 영, 심령, 마음, 그리고 몸은 서로 연관성이 있다.' 우리가
온전히 성령의 통치를 받아야 하는 이유입니다.

멋있는 관계가 보이지 않습니까? 곧 성령이 우리의 심령을 회복시키
고, 회복된 심령은 마음을 새롭게 합니다. 그리고 몸에 영향을 줍니다.
이것이 건강한 크리스천의 모습입니다.

'육신이 약하다면 심령의 상태를 깊이 살펴볼 필요가 있습니다. 영적
으로 건강한지, 하나님에 대한 추구는 정상적인지... 내 상태는 어떻습
니까?'

* Meditatio 묵상
오늘 말씀을 통하여 깨닫게 된 것을 짧게 적어보십시오.

사역보다 하나님을 아는 것이 중요하다

* Lexio 읽기 / 잠언 19:1-8
가능하면 오늘의 본문을 먼저 읽는 것이 좋지만 바로 아래 글을 읽어도 좋습니다. 충분히 본문을 이해하도록 배려하며 글을 썼습니다. 혹시 본문을 읽으신 분은 감동이 오는 말씀이나 단어 혹은 느낌을 간단히 적으시면 좋습니다.

> "지혜를 얻는 자는 자기 영혼을 사랑하고 명철을 지키는 자는 복
> 을 얻느니라"(잠19:8)

여기서 쓰인 "지혜"란 단어는 '마음'이란 뜻을 가진 히브리어 '레브'입니다. '마음'이라고 번역되는 '레브'가 "지혜"로도 사용된 것입니다.

그렇다면 왜 같은 의미로 "지혜"와 '마음'이 쓰이는 것입니까? 그것은 "지혜"의 근원이신 여호와를 경외하는 인간의 의지와 감정이 '마음'에서 나오기 때문입니다. 그래서 '마음'(지혜)을 얻는 자는 자기 영혼을 사랑하는 것이라고 잠언 기자가 말한 것입니다.

그러므로 영혼이 가져야 할 지식, 하나님에 대한 지식이 없는 채 사는 이들은 어리석은 자들입니다. 어찌할 수 없는 미련함입니다. 하나님을 추구하지 않기 때문입니다.

> "너희 어리석은 자들은 어리석음을 좋아하며 거만한 자들은 거

만을 기뻐하며 미련한 자들은 지식을 미워하니 어느 때까지 하겠느냐"(잠1:22)

물론 그들에게도 열심이 있습니다. 그러나 허망한 열심에 지나지 않습니다. 아무리 열심이 있을지라도 하나님을 아는 지식이 없는 열심은 언제나 어리석은 열심이기 때문입니다.

"지식 없는 열심은 위험하고, 조급히 일을 처리하면 그르친다."
(쉬운성경/잠19:2)

일을 하는 것이 중요한 것이 아닙니다. 하나님과의 영적 교제가 없는 주의 일, 하나님을 알지 못하는 자들의 사역은 공허한 사역에 불과합니다.

그러므로 우리가 관심 가져야 할 최고의 영역은 일이 아니라 하나님과의 관계입니다. 하나님을 아는 지식에 이르는 일입니다. 분명히 주의 일을 하지만 전혀 하나님과 상관없는 일을 할 수 있기 때문입니다. 하나님은 일이 아니라 우리를 원하시기 때문입니다.

'일보다도 하나님을 아는 것이 중요합니다. 그런 마음이 중요합니다. 나의 마음 상태는 어떻습니까?'

* Meditatio 묵상
오늘 말씀을 통하여 깨닫게 된 것을 짧게 적어보십시오.

계명을 반드시 지켜야 한다

* Lexio 읽기 / 잠언 19:9-20

가능하면 오늘의 본문을 먼저 읽는 것이 좋지만 바로 아래 글을 읽어도 좋습니다. 충분히 본문을 이해하도록 배려하며 글을 썼습니다. 혹시 본문을 읽으신 분은 감동이 오는 말씀이나 단어 혹은 느낌을 간단히 적으시면 좋습니다.

"지혜를 얻는 자는 자기 영혼을 사랑하고 명철을 지키는 자는 복을 얻느니라"(잠19:8)

분명히 '지혜를 얻는 자는 자기 영혼을 사랑하는 자'입니다. 잠언 기자는 이어서 '자기 영혼을 지키는 법'을 설명합니다.

"계명을 지키는 자는 자기의 영혼을 지키거니와"(잠19:16)

잠언 기자는 '지혜를 얻는 것'과 '계명을 지키는 것'을 같은 위치에서 말하고 있습니다. 지혜와 계명은 차원을 달리할 뿐 같은 의미를 지니고 있기 때문입니다. 더불어 전날 살폈던 것처럼 마음도 이와 같은 의미입니다.

"인자와 진리가 네게서 떠나지 말게 하고 그것을 네 목에 매며 네 마음판에 새기라"(잠3:3)

목에 매는 것과 마음판에 새기는 것을 같은 위치에서 이야기 한 것은 마음이 행위로 영향 받는다는 것을 말하기 위해서입니다. 그러므로 목에 매는 것은 마음을 움직이는 극단적인 처방이 됩니다.

"자기 영혼을 사랑"하는 것은 권고를 듣고 훈계를 받는 것과 같이 실제적 행위와 관계가 있음을 알 수 있습니다. 그래서 잠언 기자가 "계명을 지키는 자는 자기의 영혼을 지키"는 것이라고 말한 것입니다.

심지어 육체의 징계를 가하는 것이 지혜를 얻게 할 수 있다고 강조합니다. 어쩌면 우리의 유약한 신앙과 믿음의 천박함, 그리고 가벼운 마음은 강력하게 계명을 지키는 것과 같이 엄격한 훈련과 징계가 없었기 때문일지도 모릅니다.

> "너는 권고를 들으며 훈계를 받으라 그리하면 네가 필경은 지혜
> 롭게 되리라"(잠19:20)

그러므로 두려워해서는 안 됩니다. 자신을 징계하면서라도 계명을 지키셔야 합니다. 그리고 영혼을 지키십시오. 지혜로운 사람이 될 것입니다.

'계명을 지켜야 합니다. 성경과 함께 내가 하나님과 맺은 경건한 훈련의 약속도 계명입니다. 내게 주신 그분의 계명입니다. 지켜야 합니다. 그래야 온전해질 수 있습니다.'

* Meditatio 묵상
오늘 말씀을 통하여 깨닫게 된 것을 짧게 적어보십시오.

나만의 신앙 규례가 있어야 한다

* Lexio 읽기 / 잠언 19:21-29
가능하면 오늘의 본문을 먼저 읽는 것이 좋지만 바로 아래 글을 읽어도 좋습니다. 충분히 본문을 이해하도록 배려하며 글을 썼습니다. 혹시 본문을 읽으신 분은 감동이 오는 말씀이나 단어 혹은 느낌을 간단히 적으시면 좋습니다.

"계명을 지키는 자는 자기의 영혼을 지키거니와"(잠19:16)

우리에게는 하나님이 주신 말씀, 곧 성경이 있어서 우리에게 중요한 가르침과 깨달음을 줍니다. 그 말씀은 우리 내면에 거하여 우리를 훈계하고 우리의 길의 빛이 됩니다.

"주의 말씀은 내 발에 등이요 내 길에 빛이니이다"(시119:105)

그 말씀은 우리의 빛이 되며 우리가 아는 하나님 지식을 더 풍성하게 할 것입니다. 지식에 지식이 더해지는 형국입니다. 그러므로 지혜로운 자가 교훈을 받으면 더 깊은 지식에 이르는 것입니다.

"지혜로운 자가 교훈을 받으면 지식이 더하리라"(잠21:11)

어느 순간엔가 하나님의 지식을 가졌을 뿐만 아니라 지혜로 말미암아 더 깊어진 지식을 가진 자들에게는 놀라운 내면의 규례가 생깁니다.

하나님의 뜻을 따라 살아가는 자의 훈련의 결과로 인한 자기들만의 계명입니다. 바로 그 기준 때문에 바울은 '자기를 쳐서 복종시키는' 노력을 기울인 것입니다. 말씀대로 사는 인격이 형성된 것입니다.

이 같은 의미에서 징계와 훈계는 중요합니다. 잠언 기자는 그 이유 때문에 징계와 견책을 중요하게 여겼습니다. 다시 말해 지혜롭고 명철한 자들에게는 나태하지 않고 더 깊은 지식에 이르기 위해 중요한 것이고, 반면에 어리석은 자들에게는 혹시라도 지혜를 얻어 하나님의 지식을 구하는 존재가 될 가능성이 있기 때문에 중요한 것입니다.

> "거만한 자를 때리라 그리하면 어리석은 자도 지혜를 얻으리라
> 명철한 자를 견책하라 그리하면 그가 지식을 얻으리라"(잠19:25)

이제 무엇보다 중요한 것은 그 지식의 말씀을 떠나지 않고 그 안에 거하는 것입니다. 쉬지 않고 늘 자신을 돌아보면서 말입니다.

'생각해 보십시오. 나만의 신앙규례가 있는지 말입니다. 누가 뭐라고 하지 않아도 하나님과 만나는 시간, 예배, 큐티, 그리고 선한 신앙생활 양식을 갖고 있는지 살펴보십시오. 어떻습니까?'

---

* Meditatio 묵상
오늘 말씀을 통하여 깨닫게 된 것을 짧게 적어보십시오.

....

....

내 안의 가능성을 길어 내다

* Lexio 읽기 / 잠언 20:1–9

가능하면 오늘의 본문을 먼저 읽는 것이 좋지만 바로 아래 글을 읽어도 좋습니다. 충분히 본문을 이해하도록 배려하며 글을 썼습니다. 혹시 본문을 읽으신 분은 감동이 오는 말씀이나 단어 혹은 느낌을 간단히 적으시면 좋습니다.

> "포도주를 마시면 방자해지고 독주를 마시면 행패를 부린다."
>
> (공동번역/잠20:1)

왜 그런 것입니까? 술에 취하면 기분이 좋아진다는데 왜 수많은 범죄들이 술에 취한 상태에서 벌어지는 것입니까? 굳이 말하면 술을 통하여 그동안 썼던 페르조나(가면)를 벗기 때문입니다. 자유해지는 것입니다. 무엇이든 거리낌 없어집니다. 그때 '내면의 나'가 표출되는 것입니다.

그렇다면 '내면의 나'는 어떤 존재입니까? 잠언 기자는 그 존재를 이런 표현으로 암시하였습니다.

> "내가 내 마음을 정하게 하였다 내 죄를 깨끗하게 하였다 할 자
> 가 누구냐"(잠20:9)

한 마디로 말하면 '나는 나를 깨끗하게 할 수 없다'는 의미입니다. 바

울이 선언한 '의인은 없나니 하나도 없다'(롬3:10)는 말을 꺼내지 않아도 사람은 근본적으로 죄인입니다. 스스로 정결해질 수 없는 존재입니다. 예수 그리스도의 대속 사건 없이 우리가 우리 자신을 구원에 이르게 할 수 없습니다. 그것이 인간입니다. 고작 술에 취해 자신을 가누지 못할 만큼 약하고 미련한 자입니다. 술이 증명한 것뿐입니다.

그러므로 우리가 이 땅위에서 놀랍고 아름다운 삶을 살 수 있는 비결은 우리의 약함과 제한성을 인정하고 하나님 앞에 순종할 때입니다. 바로 그때 하나님은 우리를 구체적으로 다스리기 시작하시며 동시에 우리에게 지혜를 주실 것입니다. 그 때 우리는 지혜로워집니다.

더 놀라운 것은 우리가 지혜로워질 때 우리는 우리 안의 무한한 가능성을 끌어낼 수 있게 됩니다. 내가 나를 통제할 수 있는 지혜와 내면의 음성을 듣게 되는 것입니다.

> "사람의 마음에 있는 모략은 깊은 물 같으니라 그럴지라도 명철
> 한 사람은 그것을 길어 내느니라"(잠20:5)

'내 안에 있는 가능성은 죄인임을 인식하고 철저히 주님께 의존할 때 드러날 것입니다. 하나님이 통치하시는 속사람의 음성을 들을 때 말입니다. 잊지 마십시오.'

* Meditatio 묵상
오늘 말씀을 통하여 깨닫게 된 것을 짧게 적어보십시오.

눈과 귀를 하나님이 지으셨다

* Lexio 읽기 / 잠언 20:10–17

가능하면 오늘의 본문을 먼저 읽는 것이 좋지만 바로 아래 글을 읽어도 좋습니다. 충분히 본문을 이해하도록 배려하며 글을 썼습니다. 혹시 본문을 읽으신 분은 감동이 오는 말씀이나 단어 혹은 느낌을 간단히 적으시면 좋습니다.

"내가 내 마음을 정하게 하였다 내 죄를 깨끗하게 하였다 할 자
가 누구냐"(잠20:9)

'나는 나를 깨끗하게 할 수 없다.' 그런 까닭에 내 안에서 무엇이 흘러 나올지 모르는 것입니다. 그래서 사람이 사람을 속이는 것입니다. 완벽하게 사람을 속이고 겉으로는 위장된 웃음으로 행동합니다. '그런데 하나님은 아신다!' 이것이 중요합니다.

"서로 다른 저울추, 서로 다른 됫박을 쓰는 것, 이것은 모두 야훼
께서 역겨워하시는 짓."(공동번역/잠20:10)

하나님 앞에서 우리가 숨길 수 있는 것은 없습니다. 그런데 이를 우리는 간과합니다. 그래서 잠언 기자가 이 말을 덧붙인 것입니다.

"비록 아이라 하여도 자기 행위로 사람됨을 드러낸다. 그가 하는
행실을 보면, 그가 깨끗한지 더러운지, 올바른지 그른지, 알 수
있다."(새번역/잠20:11)

'어떻게 아실까?' 하나님은 우리의 외적 행동만을 보시는 것만이 아니라 우리의 내면적 동기를 보시기 때문입니다.

> "사람의 행위가 자기 보기에는 모두 깨끗하여도 여호와는 심령을 감찰하시느니라"(잠16:2)

그래서 겉으로 드러난 자신의 행동, 심지어 마음으로 확신하는 것이 문제 없어보여도 하나님은 다른 관점에서 우리를 보시는 것입니다. NIV가 번역을 잘 했습니다.

> "but motives are weighed by the LORD."(NIV/잠16:2)

'우리 내면의 동기들의 무게를 여호와께서 재고 계신다.' 이런 말입니다. 하나님 없이 내 마음대로 산 인간들, 보이지 않기에 내 마음을 아무도 모를 것이라 생각한 판단 착오입니다. 이어진 잠언 기자의 말이 참 기막힙니다. 와, 멋있는 하나님이십니다.

> "듣는 귀와 보는 눈은 다 여호와께서 지으신 것이니라"(잠20:12)

'하나님이 어떤 분이신지를 모르니 참 엉뚱한 행동을 하면서 살아온 것입니다. 그렇지 않습니까?'

* Meditatio 묵상
오늘 말씀을 통하여 깨닫게 된 것을 짧게 적어보십시오.

멈추고 기다려야 한다

* Lexio 읽기 / 잠언 20:18-30
가능하면 오늘의 본문을 먼저 읽는 것이 좋지만 바로 아래 글을 읽어도 좋습니다. 충분히 본문을 이해하도록 배려하며 글을 썼습니다. 혹시 본문을 읽으신 분은 감동이 오는 말씀이나 단어 혹은 느낌을 간단히 적으시면 좋습니다.

"듣는 귀와 보는 눈은 다 여호와께서 지으신 것이니라"(잠20:12)

"'듣는 귀와 보는 눈'을 지으셨다!' 이 세상을 어떻게 살아야 하는지를 가르쳐주는 치명적인 말씀입니다. 하나님께서는 다 알고 계신다는 말씀입니다. 볼 수 있는 것의 모든 것, 들을 수 있는 것의 모든 것을 아십니다. 우리가 하나님의 지도(guidance)를 받고 그분의 조언(advice)에 귀를 기울여 계획을 세워야 하는 이유입니다.

"Make plans by seeking advice; if you wage war, obtain guidance."(NIV/잠20:18)

"경영은 의논함으로 성취하나니 지략을 베풀고 전쟁할지니라" (잠20:18)

그런데 우리는 그리 하지 않습니다. 하나님의 지도를 받는 것이 아니라 자신의 생각과 사람들의 말을 듣고 자기 계획을 누설합니다. "두루 다니며 한담하는"(잠20:19) 것, 우리가 실수하는 이유입니다.

더욱이 놓치는 것이 있습니다. 잠언 기자가 수없이 강조한 것이지만 사람의 걸음을 하나님이 이끄신다는 절대 진리입니다.

> "사람의 걸음은 여호와로 말미암나니 사람이 어찌 자기의 길을
> 알 수 있으랴"(잠20:24)

그렇다면 우리 마음 속 깊이까지 헤아리시고 살피시는 하나님의 이끄심에 맡기지 않고 그 따위 얄팍한 지식들에 의존하거나 위로받으며 살아가는 것이 얼마나 어리석은 것입니까?

> "사람의 영혼은 여호와의 등불이라 사람의 깊은 속을 살피느니
> 라"(잠20:27)

이처럼 하나님이 우리를 살피시고 이끄시는 까닭에 심지어 악 앞에서도 우리는 하나님의 개입을 믿어야 하는 것입니다. 섣불리 행동하지 말고 말입니다.

> "너는 악을 갚겠다 말하지 말고 여호와를 기다리라 그가 너를 구
> 원하시리라"(잠20:22)

'멈추고 기다리는 것, 그것이 신앙의 깊이입니다.'

* Meditatio 묵상
오늘 말씀을 통하여 깨닫게 된 것을 짧게 적어보십시오.

내게 깊은 곳이 있다

* Lexio 읽기 / 잠언 20:27,30
가능하면 오늘의 본문을 먼저 읽는 것이 좋지만 바로 아래 글을 읽어도 좋습니다. 충분히 본문을 이해하도록 배려하며 글을 썼습니다. 혹시 본문을 읽으신 분은 감동이 오는 말씀이나 단어 혹은 느낌을 간단히 적으시면 좋습니다.

> "사람의 영혼은 여호와의 등불이라 사람의 깊은 속을 살피느니라"(잠20:27)

통찰력 있는 놀라운 말씀입니다. "사람의 깊은 속"을 NIV는 "his inmost being"이라고 번역하였습니다. 알기 쉽게 말하면 '하나님의 영이 내주하시는 곳, 나의 영이 하나님을 만나는 곳'이라 할 수 있습니다.

히브리 성경은 이것을 '하데레 바텐'이라 쓰고 있는데, 그 뜻을 살펴 직역하면 '가늠할 수 없는 심연 극단의 내면'이라 할 것입니다. 그래서 가장 직역에 가깝게 번역된 NASB는 "the innermost parts of his being"(존재의 내면의 깊은 부분)이라고 표현한 것입니다. 바로 성령이 거하시는 곳입니다.

> "너희는 너희가 하나님의 성전인 것과 하나님의 성령이 너희 안에 계시는 것을 알지 못하느냐"(고전3:16)

하나님의 영이 우리 안에 내주하고 계시기에 영적인 깊이를 가진 이들

182

은 자신의 깊은 곳에서 하나님을 구할 뿐 아니라 하나님의 음성을 듣는 것입니다. 시편 기자는 이곳을 "가장 깊은 곳"이라고 표현하였습니다.

> "주께서 나의 가장 깊은 곳(NIV/my inmost being)을 지으셨으며"
> (쉬운성경/시139:13)

심지어 그 깊이의 내용, 하나님의 영과 친밀감을 갖고 깊이 교통하는 내용을 직접 말씀하시기도 했습니다.

> "사람의 마음에 있는 모략은 깊은 물 같으니라 그럴지라도 명철
> 한 사람은 그것을 길어 내느니라"(잠20:5)

하지만 언제나 내가 문제입니다. '어떻게 이 문제를 해결할까?' 아쉽게도 잠언 기자는 고통을 말합니다. '고통, 환난, 그리고 자발적으로 광야로 가는 것, 스스로 자기에게 매를 드는 것.' 참 어려운 일입니다. 사람을 새롭게 하는 것 말입니다. 온전해지는 것 말입니다.

> "상하게 때리는 것이 악을 없이하나니 매는 사람 속에 깊이(NIV/
> the inmost being) 들어가느니라"(잠20:30)

'사람이 새로워지는 것이 쉽습니까? 미꾸라지 같은 나를 다루는 최고의 방법은 하나님께 내어놓는 것뿐입니다.'

* Meditatio 묵상
오늘 말씀을 통하여 깨닫게 된 것을 짧게 적어보십시오.

깨끗한 사람은 곧게 걷는다

* Lexio 읽기 / 잠언 21:1-9

가능하면 오늘의 본문을 먼저 읽는 것이 좋지만 바로 아래 글을 읽어도 좋습니다. 충분히 본
문을 이해하도록 배려하며 글을 썼습니다. 혹시 본문을 읽으신 분은 감동이 오는 말씀이나
단어 혹은 느낌을 간단히 적으시면 좋습니다.

"사람의 영혼은 여호와의 등불이라 사람의 깊은 속을 살피느니
라"(잠20:27)

"'사람의 깊은 속'을 살피신다.' 그래서 '동기'가 중요한 것입니다. 하
나님께서 우리의 동기를 보시는 이유입니다. 그런데 정작 심각한 문제
는 그 동기조차 왜곡되어 있는 우리의 내면의 상황입니다.

그래서 하나님은 우리의 정직을 중요하게 여기십니다. 그렇기에 그
정직이 외부로 드러나는 모습인 "공의와 정의"를 중요하게 여기시는
것입니다.

"공의와 정의를 행하는 것은 제사 드리는 것보다 여호와께서 기
쁘게 여기시느니라"(잠21:3)

놀랍게도 우리 안에는 이상한 생각이 프로그램 되어 있습니다. 누군
가가 세상에서 부유하고 형통하여 잘 되는 것을 보면 무조건 하나님의
축복을 받은 것으로 생각하고, 반면에 가난하고 어려움을 만나면 축복

받지 못한 삶이라고 생각합니다. 옳은 생각입니까? 이에 대하여 잠언 기자는 이렇게 말합니다.

> "거만한 두 눈과 교만한 마음, 악인의 형통한 것 등은 모두 하나
> 님의 뜻에 어긋난다."(쉬운성경/잠21:4)

이처럼 하나님의 뜻에 어긋남에도 불구하고 끊임없이 이 어리석음을 견지하면 나중에는 생명을 잃고 사망하게 될 것입니다. 그렇게 사는 것이 바로 악이기 때문입니다.

그런데 이상하게도 그 악을 당장 심판하시지 않습니다. 왜냐하면 그도 회개하고 돌아오기를 원하시기 때문입니다. 그러므로 순간적으로 악인이 형통하는 것을 보면서 의심하거나 다른 방법을 택하는 것은 어리석은 일입니다. 하나님 안에 거하는 우리가 택할 것은 '곧은 길'로 가는 것뿐입니다. 그것이 옳습니다.

> "죄인의 길은 구부러지고 깨끗한 사람의 길은 곧다."
> (공동번역/잠21:8)

'지금 당장 손해 보는 것처럼 보여도 '곧은 길'을 택하십시오. 그것이 옳습니다.'

* Meditatio 묵상
오늘 말씀을 통하여 깨닫게 된 것을 짧게 적어보십시오.

바르게 사는 것이 쾌락이다

* Lexio 읽기 / 잠언 21:10-19

가능하면 오늘의 본문을 먼저 읽는 것이 좋지만 바로 아래 글을 읽어도 좋습니다. 충분히 본문을 이해하도록 배려하며 글을 썼습니다. 혹시 본문을 읽으신 분은 감동이 오는 말씀이나 단어 혹은 느낌을 간단히 적으시면 좋습니다.

"죄인의 길은 구부러지고 깨끗한 사람의 길은 곧다."

(공동번역/잠21:8)

구부러진 사람, 그가 어떻게 행동할지는 충분히 예측 됩니다. 이들은 "거만한 두 눈과 교만한 마음"(쉬운성경/잠21:4)을 갖고 있기 때문입니다.

"악인의 마음은 남의 재앙을 원하나니 그 이웃도 그 앞에서 은혜를 입지 못하느니라"(잠21:10)

이런 악인이 고통을 당하는 자들의 소리를 들을 리가 없습니다. 그들이 스스로 구렁텅이로 빠져 들어가는 이유입니다.

"귀를 막고 가난한 자가 부르짖는 소리를 듣지 아니하면 자기가 부르짖을 때에도 들을 자가 없으리라"(잠21:13)

당연히 하나님(의로우신 자)이 악인의 마음을 헤아리시기 때문입니다. 우리가 살핀 것처럼 그들의 동기와 마음의 구부러진 상태를 아시기 때문입니다.

> "의로우신 하나님은 악인의 마음을 헤아리시고 악인을 내던져 망하게 하신다."(공동번역/잠21:12)

악인, 구부러진 자들과 달리 의인은 곧은 자들입니다. 바른 길을 걷는 사람들입니다. 고난과 환란이 있을지라도 자기 길을 곧게 하는 사람들입니다. 그 같은 삶의 방법이 매우 당연합니다. 놀랍게도 즐겁기 때문입니다.

> "바르게 사는 것이 착한 사람에게는 기쁨이 되고 나쁜 일 하는 사람에게는 낭패가 된다."(공동번역/잠21:15)

선한 삶의 즐거움, 그것이 바로 의인의 양식입니다. 우리는 세상의 쾌락을 즐거움이라고 배웠습니다. 그렇게 살아왔고 그런 세상에 있으니까 그럴 것이라고 생각합니다. 하지만 그렇지 않습니다. '바르게 사는 것이 기쁨, 아니 쾌락'입니다. 살아보니 그렇습니다. 하나님의 사람으로 사는 것이 쾌락입니다. 그래서 성경, 말씀, 기도, 예배, 교회, 공동체, 희생, 자기부인, 헌신 등 이의 모든 것이 삶을 풍성케 하는 요소이자 행복으로 이끄는 통로인 것입니다.

'바르게 사는 것이 쾌락입니다. 잊지 마십시오.'

* Meditatio 묵상
오늘 말씀을 통하여 깨닫게 된 것을 짧게 적어보십시오.

악인도 날마다 추구한다

* Lexio 읽기 / 잠언 21:20-31
가능하면 오늘의 본문을 먼저 읽는 것이 좋지만 바로 아래 글을 읽어도 좋습니다. 충분히 본문을 이해하도록 배려하며 글을 썼습니다. 혹시 본문을 읽으신 분은 감동이 오는 말씀이나 단어 혹은 느낌을 간단히 적으시면 좋습니다.

"의로우신 하나님은 악인의 마음을 헤아리시고 악인을 내던져 망하게 하신다."(공동번역/잠21:12)

악한 자들, 구부러진 자들, "거만한 두 눈과 교만한 마음"(쉬운성경/잠21:4)을 가진 자들. 그들을 잠언 기자는 "망령된 자"로 규정합니다.

"무례하고 교만한 자를 이름하여 망령된 자라 하나니 이는 넘치는 교만으로 행함이니라"(잠21:24)

그들의 존재 방식을 잠언 기자가 이렇게 말합니다.

"그런 사람은 날마다 욕심만 내지만 착한 사람은 남에게 아낌없이 내어 준다."(공동번역/잠21:26)

얼핏 보면 24절과 26절 사이에 있는 25절 때문에 "그런 사람"은 "게으른 자"(잠21:25)를 말하는 것이 아닌가 생각할 수 있지만 잠언의 특징인 대구절 형식을 볼 때 26절 하반절의 "착한 사람"이라는 표현에 비추어 "그런 사람"은 '나쁜 사람', 지금까지 논지로 볼 때는 "악인", "망령된 자"로 보는 것이 타당합니다.

이 같은 이해로 살펴보면 망령된 자, 악인의 존재 방식이 드러납니다. 바로 "날마다"의 '악한 영성'입니다. '날마다 욕심을 낸다!' 날마다 자기를 위해 추구하는 것입니다. 그래서 하나님은 그들의 예배와 제물을 가증하게 여기는 것입니다.

> "악인의 제물은 본래 가증하거든 하물며 악한 뜻으로 드리는 것이랴"(잠21:27)

'원래 악인의 제물도 악하지만 그 마음의 동기를 헤아리시는 하나님께서 그것을 받지 않으시는 것은 당연한 것이다!' 이런 뜻입니다. 그리고 악인의 길은 비극적입니다. 하나님의 심판을 떠나 스스로 자신의 얼굴을 굳게 함으로 하나님의 개입을 스스로 차단하기 때문입니다.

> "악인은 자기의 얼굴을 굳게 하나 정직한 자는 자기의 행위를 삼가느니라"(잠21:29)

'얼굴을 만져 보십시오. 철판이 깔려있지는 않습니까?'

* Meditatio 묵상
오늘 말씀을 통하여 깨닫게 된 것을 짧게 적어보십시오.

_____

_____

우리는 하나님의 자녀다

* Lexio 읽기 / 잠언 22:1-9

가능하면 오늘의 본문을 먼저 읽는 것이 좋지만 바로 아래 글을 읽어도 좋습니다. 충분히 본문을 이해하도록 배려하며 글을 썼습니다. 혹시 본문을 읽으신 분은 감동이 오는 말씀이나 단어 혹은 느낌을 간단히 적으시면 좋습니다.

> "공의와 인자를 따라 구하는 자는 생명과 공의와 영광을 얻느니라"(잠21:21)

이 말씀을 읽을 때 떠오르는 사람은 모세입니다. 애굽의 왕자로서 부귀와 명예를 누리며 살던 그가 "공의와 인자"를 택합니다. 더욱이 그 이유가 기막힙니다. 히브리서 기자가 이렇게 적었습니다.

> "믿음으로 모세는 장성하여 바로의 공주의 아들이라 칭함 받기를 거절하고 도리어 하나님의 백성과 함께 고난 받기를 잠시 죄악의 낙을 누리는 것보다 더 좋아하고 그리스도를 위하여 받는 수모를 애굽의 모든 보화보다 더 큰 재물로 여겼으니 이는 상 주심을 바라봄이라"(히11:24-26)

잠언 기자의 표현을 빌리면 그는 "선한 눈"을 가진 존재였습니다. 그 "선한 눈"은 '영원'과 '잠시'를 구분하게 하였습니다. 모세는 이 세상의 부귀와 명예 누리는 것을 "잠시" 동안의 일로 인식한 것입니다. 영원한 가치를 알았던 것입니다. 잠언 기자가 이야기한 언어로 바꾸면 모세는

"명예"('이름'이라는 뜻을 갖고 있는 히브리어 '쉠'을 사용), 곧 많은 재물보다 하나님의 백성, 아들로서의 '이름'을 택한 것입니다.

> "많은 재물보다 명예(이름)를 택할 것이요 은이나 금보다 은총을
> 더욱 택할 것이니라"(잠22:1)

이 같은 선택을 한 모세를 하나님은 사용하셨습니다. 명예로운 이름을 모세는 얻은 것입니다. 그것이 모세의 기업이자 재물이었고 영광이었습니다.

> "겸손과 여호와를 경외함의 보상은 재물과 영광과 생명이니라"
> (잠22:4)

엄밀하게 말해서 모세의 아름다운 삶은 그가 자기 백성들이 고통 당하는 것을 보면서 의로운 행동을 할 때 이미 결정된 것이나 마찬가지였습니다. "선한 눈"이었습니다.

> "선한 눈을 가진 자는 복을 받으리니 이는 양식을 가난한 자에게
> 줌이니라"(잠22:9)

'우리는 하나님의 자녀라 칭함 받는 크리스천입니다. 우리의 이름입니다. 명예롭게 살만한 칭호입니다. 잊지 마십시오.'

* Meditatio 묵상
오늘 말씀을 통하여 깨닫게 된 것을 짧게 적어보십시오.

그의 언어는 언제나 우아하다

* Lexio 읽기 / 잠언 22:10-16

가능하면 오늘의 본문을 먼저 읽는 것이 좋지만 바로 아래 글을 읽어도 좋습니다. 충분히 본문을 이해하도록 배려하며 글을 썼습니다. 혹시 본문을 읽으신 분은 감동이 오는 말씀이나 단어 혹은 느낌을 간단히 적으시면 좋습니다.

"마음의 정결을 사모하는 자의 입술에는 덕이 있으므로"(잠22:11)

'마음의 정결을 늘 추구하는 자!' 당연히 하나님 때문입니다. 하나님을 아는 지식을 갖고 있기 때문입니다. 다른 길로 들어설 수 없습니다. 하나님의 풍요로움을 알고 하나님의 아름다움을 알기 때문입니다. 모든 것이 사라지더라도 지금 누리고 있는 하나님이란 존재를 아는 쾌락 때문입니다. 그의 언어는 언제나 덕이 있고 우아합니다.

"He... speech is gracious"(NIV/잠22:11)

그의 언어로 그가 하나님을 아는 지식의 깊이를 드러낸 것입니다. 그도 우아한(gracious) 사람으로 드러나는 이유입니다. 그런 그를 하나님은 보시고 지키십니다. 그가 알고 있는 지식의 내용이 바로 하나님이시기 때문입니다.

"여호와의 눈은 지식 있는 사람을 지키시나"(잠22:12)

그들은 우아하고 아름답습니다. 반면에 하나님을 알지 못하는 미련하고 어리석은 자들은 자신들의 꾀와 악으로 말하며 살아갑니다. 게으른 사람의 말을 들어보시겠습니까?

> "게으른 사람은 '밖에 사자가 왔다. 나가면 길거리에서 찢겨 죽는다.' 하고 핑계를 댄다."(공동번역/잠22:13)

음탕한 여인의 말도 들어보십시오.

> "음녀의 입은 깊은 함정이라 여호와의 노를 당한 자는 거기 빠지리라"(잠22:14)

하나님을 아는 지식을 가진 자, 그의 내면의 깊이는 깊고 아름답습니다. 그래서 그의 언어는 우아한 아름다움이 있고 사람을 살리는 것입니다.

> "의인의 입은 생명의 샘이라도 악인의 입은 독을 머금었느니라"
> (잠10:11)

'언어는 참 중요합니다. 어떤 때 언어는 사람을 살리는 말이 되기도 하지만 어떤 때는 사람을 죽이는 말이 되기도 합니다. 하지만 언어는 기술이 아니라 하나님을 아는 지식에 기초해야 합니다. 잊지 말아야 할 것입니다.'

* Meditatio 묵상
오늘 말씀을 통하여 깨닫게 된 것을 짧게 적어보십시오.

제 8 부

먼저 용광로에 들어가야 한다

서른 가지 잠언 1

가능하면 오늘의 본문을 먼저 읽는 것이 좋지만 바로 아래 글을 읽어도 좋습니다. 충분히 본문을 이해하도록 배려하며 글을 썼습니다. 혹시 본문을 읽으신 분은 감동이 오는 말씀이나 단어 혹은 느낌을 간단히 적으시면 좋습니다.

'이 세상을 어떻게 살 것인가?' 참 어려운 질문처럼 보이지만 잠언 기자는 지혜 있는 자의 말씀을 듣고 그 지식을 마음에 두는 것을(잠22:17) 통하여 가능하다고 말합니다. 그 지혜의 말씀들은 모두 하나님을 의뢰하도록 돕기 때문입니다.

이 같은 목적으로 잠언 기자는 서른 가지 잠언을 적었습니다.

(개역개정판은 기본적으로 킹제임스버전(KJV)을 좇아 번역하였기에 이 부분이 모호하게 번역되어 있지만 공동번역, 쉬운성경, NIV 등은 마소라 텍스트 1937년 번역판을 택하여 보다 상세하게 번역하였기에 구체적으로 서른 가지 잠언임을 밝힙니다.)

> "나는 너에게 서른 가지 잠언을 써 주지 않았느냐? 거기에 권고
> 와 지식이 담겨 있다."(공동번역/잠22:20)

이 서른 가지 잠언은 22장 22절을 시작으로 해서 24장 22절까지 이

어지고 있는데, 22장에는 1번에서 5번까지의 잠언이 기록되어 있습니다. 매우 중요한 가르침이라 할 수 있습니다. 서른 가지 잠언을 읽으면서 적용하는 것만으로도 우리에게 지혜가 될 것입니다. 물론 오늘 시대적 상황과 맞지 않는 것들도 있지만 그 의미를 생각하며 돌아보면 좋을 것입니다.

1. "힘 없다고 해서 가난한 사람을 털지 말며 법정에서 어려운 사람을 짓누르지 말아라."(공동번역/잠22:22)

2. "성급한 사람과 벗하지 말고 성 잘 내는 사람과 가까이 지내지 말아라."(공동번역/잠22:24)

3. "남의 보증을 서거나 담보를 서지 말아라."(공동번역/잠22:26)

4. "선조들이 옛날에 세운 밭 경계선 말뚝을 옮기지 말아라." (공동번역/잠22:28)

5. "제 일에 능숙한 사람은 임금을 섬긴다. 어찌 여느 사람을 섬기랴."(공동번역/잠22:29)

'특별히 어느 잠언이 마음에 다가오셨습니까?'

* Meditatio 묵상
오늘 말씀을 통하여 깨닫게 된 것을 짧게 적어보십시오.

서른 가지 잠언 2

* Lexio 읽기 / 잠언 23:1-14

가능하면 오늘의 본문을 먼저 읽는 것이 좋지만 바로 아래 글을 읽어도 좋습니다. 충분히 본문을 이해하도록 배려하며 글을 썼습니다. 혹시 본문을 읽으신 분은 감동이 오는 말씀이나 단어 혹은 느낌을 간단히 적으시면 좋습니다.

계속되는 서른 가지 잠언을 차근차근 읽어가되 특별히 자신의 어리석음을 깨우치는 말씀이 나오면 부연 설명이 있는지를 성경을 살피시고 묵상하시면 좋습니다. 다음은 6번째부터 12번째까지의 잠언입니다.

   6. "임금과 한 식탁에 앉게 되거든 네 앞에 무엇이 있는지 잘 살펴라."(공동번역/잠23:1)

   7. "부자가 되려고 애쓰지 말고 그런 생각마저 버려라."
   (공동번역/잠23:4)

어느 돌잔치에 간 적이 있었습니다. 돌잡이를 하는 시간되어 아이가 물건을 잡으려 하자, 아이의 엄마는 유독 '무엇'을 잡는지 관심이 많았습니다. 그 중에서도 자꾸 돈을 집도록 유도하는 것이었습니다. 젊은 교인이었는데 마음이 씁쓸했습니다. 이처럼 언제부터인가 기독교의 가치 대부분이 세속적인 성공과 물질적 풍요에 맞춰진 것 같아서 그랬습니다.

잠언 기자는 재물은 독수리처럼 날개달린 것이라고 부연했습니다. 신속하게 사라지는 가치라는 뜻입니다.

8. "인색한 사람과 한 식탁에 앉지도 말고 그가 즐기는 맛난 음식
   은 바라지도 말아라."(공동번역/잠23:6)

9. "어리석은 사람에겐 아무 말도 하지 말아라. 아무리 지혜로운
   말을 해도 업신여기리라."(공동번역/잠23:9)

10. "옛날에 세운 밭 경계선 말뚝을 옮기지 말고 고아들의 밭을
    침범하지 말아라."(공동번역/잠23:10)

11. "훈계를 명심하고 지식을 전하는 말에 귀를 기울여라."
    (공동번역/잠23:12)

12. "아이에게 매 대기를 꺼리지 말아라. 매질한다고 죽지는 않는
    다."(공동번역/잠23:13)

그런데 이 만큼 담대한 어머니는 존재하지 않습니다. 바른 훈계와 견책이 사라진 순간부터 지금의 위기가 시작되었지만, 그리할 수 없는 시대가 온 것입니다.

'특별히 어느 잠언이 마음에 다가오셨습니까?'

* Meditatio 묵상
오늘 말씀을 통하여 깨닫게 된 것을 짧게 적어보십시오.

서른 가지 잠언 3

* Lexio 읽기 / 잠언 23:15-28
가능하면 오늘의 본문을 먼저 읽는 것이 좋지만 바로 아래 글을 읽어도 좋습니다. 충분히 본문을 이해하도록 배려하며 글을 썼습니다. 혹시 본문을 읽으신 분은 감동이 오는 말씀이나 단어 혹은 느낌을 간단히 적으시면 좋습니다.

13번에서 17번까지의 잠언입니다.

13. "내 아들아, 네 마음이 슬기로우면 내 마음이 즐겁고 네가 옳은 말을 하면 내 속이 시원하다."(공동번역/잠23:15-16)

14. "네 마음으로 죄인의 형통을 부러워하지 말고 항상 여호와를 경외하라"(잠23:17)

우리는 세상의 유혹에 노출되어 있습니다. 수단과 방법을 가리지 않고 거짓으로 불법을 행하면서 이득을 취하는 이들이 잘 되는 것을 보면 유혹에 넘어가고 싶을 때도, 부러운 마음이 들 때도 생깁니다.

그러나 '부러워하지 말라'고 권면합니다. 일시적인 것이기 때문입니다. 크리스천으로서 지조를 지키는 것이 세속의 부유함보다 귀하기 때문입니다. 그런데 우리는 쉽게 넘어갑니다. 참 어려운 세상입니다.

15. "내 아들아, 잘 듣고 지혜를 얻어 네 마음을 바른 길로 이끌어

라, 술독에 빠진 사람과 고기를 탐내는 사람과는 어울리지 말
아라."(공동번역/잠23:19-20)

우리 인간에게 가장 큰 폐해를 가져다 준 것 중에 대표적인 것은 술
입니다. 제가 어렸을 때도 고통 받았던 기억의 근저에 가장 많은 부분
이 술에 취한 아버지였습니다. 이처럼 가정 폭력을 비롯한 모든 폭력의
근저에도 술 취한 남편, 술 취한 아버지, 술 취한 친구가 있습니다. "어
울리지 말아라." 이런 말이 답답해 보이지만 옳습니다. 그렇지 않습니
까?

16. "너를 낳은 아버지에게 순종하고, 네 어머니가 나이 들어도
무시하지 마라."(쉬운성경/잠23:22)

덧붙여 말하는 권면도 참 애틋합니다.

"네 아비를 기쁘게 해 다오. 너를 낳은 어미를 즐겁게 해 다오."
(공동번역/잠23:25)

17. "내 아들아, 내 말을 명심하고 내가 일러 준 길을 기꺼이 따라
라. 창녀는 깊은 구렁이요, 남의 계집은 좁은 우물이다."
(공동번역/잠23:26-27)

'특별히 어느 잠언이 마음에 다가오셨습니까?'

* Meditatio 묵상
오늘 말씀을 통하여 깨닫게 된 것을 짧게 적어보십시오.

201

서른 가지 잠언 4

* Lexio 읽기 / 잠언 23:29–24:9

가능하면 오늘의 본문을 먼저 읽는 것이 좋지만 바로 아래 글을 읽어도 좋습니다. 충분히 본문을 이해하도록 배려하며 글을 썼습니다. 혹시 본문을 읽으신 분은 감동이 오는 말씀이나 단어 혹은 느낌을 간단히 적으시면 좋습니다.

18번에서 23번까지의 잠언입니다.

> 18. "재난을 맞을 사람이 누구냐? 근심하게 될 사람이 누구냐?
> 다투게 될 사람이 누구냐? 속상해 할 사람이 누구냐? 애매하게
> 상처입을 사람이 누구냐? 눈이 충혈된 사람이 누구냐? 술자리를
> 뜰 줄 모르고 혼합주만 찾아 다니는 사람들이다."
>
> (공동번역/잠23:29–30)

15번 잠언에서도 술의 폐해에 대하여 언급하였지만, 18번 잠언에서는 술에 취했을 때 벌어지는 폐해에 대하여 자세히 언급하고 있습니다. 그 대표적인 것으로 성적인 타락에 쉽게 유혹될 수 있음을 경고하였습니다.

> "네 눈이 외간 여자를 보고 네 마음이 타락한 말을 할 것이다. 너
> 는 바다 한복판에 누운 것 같고 돛대 꼭대기에 누워 있는 것 같을
> 것이다."(우리말성경/잠23:33–34)

19. "악한 자들을 부러워하지도 말고 그들과 어울릴 생각도 말아라." (공동번역/잠24:1)

20. "지혜가 있어야 집이 일어서고 슬기가 있어야 집이 튼튼하다." (공동번역/잠24:3)

21. "지혜로운 사람이 힘센 자보다 낫고, 지식 있는 사람이 무사보다 낫다." (쉬운성경/잠24:5)

22. "어리석은 자는 입을 다무는 것이 지혜로운 일이니, 사람 모인 데서 입을 열지 말아라." (공동번역/잠24:7)

어리석은 자가 침묵할 수 있다면 이미 지혜를 배운 자입니다. 그런데 말할 것도 없고 지식도 없는 어리석은 자가 말을 쏟아 내는 것이 문제입니다. 더군다나 그가 권력이나 돈을 의지해서 쏟아내는 경우라면 비극입니다. 그래서 자신의 어리석음을 돌아보며 침묵할 수 있는 자는 지혜로 들어선 사람이라 할 것입니다.

23. "남 해칠 궁리만 하는 자를 사람들은 모략가라 부른다."
(공동번역/잠24:8)

'특별히 어느 잠언이 마음에 다가오셨습니까?'

* Meditatio 묵상
오늘 말씀을 통하여 깨닫게 된 것을 짧게 적어보십시오.

서른 가지 잠언 5

* Lexio 읽기 / 잠언 24:10-22

가능하면 오늘의 본문을 먼저 읽는 것이 좋지만 바로 아래 글을 읽어도 좋습니다. 충분히 본문을 이해하도록 배려하며 글을 썼습니다. 혹시 본문을 읽으신 분은 감동이 오는 말씀이나 단어 혹은 느낌을 간단히 적으시면 좋습니다.

24번에서 30번까지의 잠언입니다.

24. "어려움을 당하여 낙담하는 것은 너의 연약함을 드러내는 것이다."(쉬운성경/잠24:10)

25. "죽을 자리로 끌려 가는 사람을 건져 내고, 죽음에 말려 드는 사람을 구하여라."(공동번역/잠24:11)

26. "내 아들아, 꿀은 좋은 것이니 먹어 두어라... 지혜도 네 영혼에는 그와 같은 줄 알아라. 지혜를 얻으면 앞날이 열리고 희망이 끊기지 아니하리라."(공동번역/잠24:13-14)

27. "착한 사람의 보금자리를 노리지 말고 그가 사는 집을 망쳐 놓지 말아라."(공동번역/잠24:15)

28. "원수가 넘어졌다고 좋아하지 말고 그가 망했다고 기뻐하지

말아라."(공동번역/잠24:17)

29. "너는 행악자들로 말미암아 분을 품지 말며 악인의 형통함을
부러워하지 말라"(잠24:19)

30. "내 아들아 여호와와 왕을 경외하고 반역자와 더불어 사귀지
말라"(잠24:21)

'특별히 어느 말씀이 오늘 자신의 어리석음을 깨우치는 말씀이 되었
습니까?'

* Meditatio 묵상
오늘 말씀을 통하여 깨닫게 된 것을 짧게 적어보십시오.

아무런 생각 없이 살고 있다

* Lexio 읽기 / 잠언 24:23-34
가능하면 오늘의 본문을 먼저 읽는 것이 좋지만 바로 아래 글을 읽어도 좋습니다. 충분히 본문을 이해하도록 배려하며 글을 썼습니다. 혹시 본문을 읽으신 분은 감동이 오는 말씀이나 단어 혹은 느낌을 간단히 적으시면 좋습니다.

"내가 게으른 자의 밭과 지혜 없는 자의 포도원을 지나며 본즉 가시덤불이 그 전부에 퍼졌으며 그 지면이 거친 풀로 덮였고 돌담이 무너져 있기로"(잠24:30-31)

어느 날 어떤 지혜자가 "게으른 자의 밭"과 '생각 없이 사는 사람의 포도원'(공동번역/잠24:30)을 지나가게 되었습니다. 그런데 그 곳은 온통 가시덤불이 우거지고 거친 풀이 땅을 덮었으며 돌담이 무너져 있었습니다. 지혜자는 그 상황을 보면서 매우 중요한 깨달음을 얻습니다. 이렇게 정리합니다.

"좀더 자자. 좀더 졸자. 좀더 쉬자. 그러면, 가난이 강도 떼처럼, 궁핍이 군사들처럼 너를 덮칠 것이다."(쉬운성경/잠24:33-34)

이 말씀을 묵상하면서 오래 전에 위암 판정을 받고 위 절제 수술을 했던 경험이 생각났습니다. 그때 저의 위암 발병 원인은 과식과 폭식 등 절제하지 못하는 음식 습관, 몸을 돌보지 않은 채 많은 일로 인한 과

로와 스트레스가 주된 원인이었습니다. 쉽게 말해서 나의 욕심과 무절제함이 나를 병 속으로 몰아넣은 것입니다.

사실 본문에서도 말하는 게으름이란 규모 있는 삶을 살지 않고 영적으로 자신을 방임하는 삶의 모습을 말합니다. 무절제한 삶이 나를 병으로 몰아넣은 것처럼 영적인 방임이 가시덤불과 거친 풀이 무성한 영적 황무지로 몰아넣은 것입니다. 그런데 문제는 심각하게 생각하지 않는다는 것입니다. 그래서 그저 살아오던 삶의 방식을 유지합니다.

"좀더 자자, 좀더 졸자, 손을 모으고 좀더 누워 있자"(잠24:33)

아직은 아무 일도 벌어지지 않은 상태입니다. 그러나 어느 날 제가 피를 토하고 쓰러진 것처럼 그 날이 온다고 잠언 기자는 강조합니다. 그런데 우리는 심각하게 생각하지 않습니다. 모릅니다. 이것이 어리석음입니다.

"가난이 부랑배처럼 들이닥치고 빈곤이 거지처럼 달려들었다."

(공동번역/잠24:34)

'나는 어떤 상태입니까? 가시덤불과 거친 풀이 무성하지는 않습니까?'

* Meditatio 묵상

오늘 말씀을 통하여 깨닫게 된 것을 짧게 적어보십시오.

먼저 용광로에 들어가야 한다

* Lexio 읽기 / 잠언 25:1-7

가능하면 오늘의 본문을 먼저 읽는 것이 좋지만 바로 아래 글을 읽어도 좋습니다. 충분히 본문을 이해하도록 배려하며 글을 썼습니다. 혹시 본문을 읽으신 분은 감동이 오는 말씀이나 단어 혹은 느낌을 간단히 적으시면 좋습니다.

> "이것도 솔로몬의 잠언이요 유다 왕 히스기야의 신하들이 편집한
> 것이니라"(잠25:1)

30장 아굴의 잠언이 등장하기 전, 25장에서 29장까지의 잠언은 솔로몬의 잠언 중에서도 '솔로몬의 훈련학교 기원을 둔 것'(데이비드 앳킨슨, 잠언강해, IVP, 205)으로 이해됩니다.

이 같은 이유 때문에 초반 부분을 보면 왕과의 관계를 언급한 후 이 잠언의 목적을 다음과 같이 기술합니다.

> "은에서 찌꺼기를 제하라 그리하면 장색의 쓸 만한 그릇이 나올
> 것이요"(잠25:4)

쓸 만한 그릇, 곧 쓸 만한 사람이 되는 조건을 기술하고 있음을 알 수 있는데, 이 구절이 포함된 잠언은 개인적으로도 매우 의미 있는 구절입니다. 1999년 12월 26일 주일 예배 후 피를 토하고 쓰러진 후 위암 판정을 받고 수술을 기다리던 기간에 읽었던 말씀이기 때문입니다. 그 중에

이 구절은 1999년 12월 31일에 묵상했던 말씀이었습니다. 그때 제가 드린 기도의 일부입니다.

'하나님, 죽음의 두려움에서 놓이게 하심을 감사드립니다. 그러나 나를 데려가서도 좋습니다 라는 교만한 말을 하지 않겠습니다. 겸허히 건강이 회복되길 소원합니다. 제 마음의 찌꺼기들을 제하시고 종을 쓸 만한 그릇으로 만드소서.'

내게 눌러 붙어 나를 구속하였던 죄는 놀랍게도 위암 발병을 통해 하나님 앞에 정직하게 서도록 하였습니다. 물론 수술 이후에도 눌러 붙어 있던 악과 더러움은 여전히 남아 있었습니다. 지금도 내 안에 있습니다. 주님 나라에 들어갈 때까지 완벽하게 사라질 것 같지 않습니다. 제가 주를 언제나 의존하는 이유입니다.

그러나 그때부터 현저한 변화가 시작된 것은 사실입니다. '쓸 만한 사람'으로 주님이 만들어가기 시작하신 것입니다. 그래서 그때 잠언을 읽으면서 느꼈던 감동들이 있습니다. 그 발견했던 내용들을 함께 살피고자 합니다.

'지금 돌아보면 알 수 있듯이 사람의 변화는 쉽지 않습니다. 은에서 찌꺼기를 제하기 위해서 먼저 용광로로 들어가는 것 같기 때문입니다. 받아들일 수 있겠습니까?'

* Meditatio 묵상
오늘 말씀을 통하여 깨닫게 된 것을 짧게 적어보십시오.

쓸 만한 사람의 조건 1

* Lexio 읽기 / 잠언 25:8–14
가능하면 오늘의 본문을 먼저 읽는 것이 좋지만 바로 아래 글을 읽어도 좋습니다. 충분히 본문을 이해하도록 배려하며 글을 썼습니다. 혹시 본문을 읽으신 분은 감동이 오는 말씀이나 단어 혹은 느낌을 간단히 적으시면 좋습니다.

"은에서 찌꺼기를 제하라 그리하면 장색의 쓸 만한 그릇이 나올 것이요"(잠25:4)

"쓸 만한 그릇", 곧 '하나님이 쓰시는 사람은 어떤 사람일까?'라는 질문에 대한 대답을 몇 가지로 정리해 보았습니다.

1. '성급한 행동' : 너무 서둘러 행동하지 않는 사람입니다.
   "너는 서둘러 나가서 다투지 말라"(잠25:8)

2. '누설' : 싸움의 규칙을 지키는 사람입니다.
   "너는 이웃과 다투거든 변론만 하고 남의 은밀한 일은 누설하지 말라"(잠25:9)

싸움을 할 때 자신이 불리하거나 자기 분에 못이길 때에도 반칙을 범하지 않고 상대방을 배려하면서 싸우는 사람을 말합니다.

3. '부적절한 발언' : 적절한 말을 하는 사람입니다.

"경우에 합당한 말은 아로새긴 은 쟁반에 금 사과니라"(잠25:11)

상대방의 처지에 맞게 충고든, 책망이든 하는 사람입니다. "슬기로운 자의 책망"(잠25:12)인 까닭에 듣는 이에게 금 귀고리 같은 소중함이 됩니다.

4. '갑갑함' : 더운 여름날 얼음 냉수처럼 시원케 하는 사람입니다.
   "충성된 사자는 그를 보낸 이에게 마치 추수하는 날에 얼음 냉수
   같아서 능히 그 주인의 마음을 시원하게 하느니라"(잠25:13)

'시원케 한다.' 말만 들어도 시원합니다.

5. '과장' : 과장해서 자랑하지 않고 허풍에서 벗어난 사람입니다.
   "선물한다고 거짓 자랑하는 자는 비 없는 구름과 바람 같으니라"
   (잠25:14)

그는 입술로만 하나님을 섬기는 사람이 아니라 삶 자체로 진실을 드러내는 사람일 것입니다. 꾸미지 않고 하나님 앞에 서는 사람을 말합니다.

'나는 어떤 모습의 사람입니까? 위 다섯 가지 중에서 어떤 찌꺼기가 아직도 자신에게 남아있다고 생각합니까?'

* Meditatio 묵상
오늘 말씀을 통하여 깨닫게 된 것을 짧게 적어보십시오.

쓸 만한 사람의 조건 2

* Lexio 읽기 / 잠언 25:15-27

가능하면 오늘의 본문을 먼저 읽는 것이 좋지만 바로 아래 글을 읽어도 좋습니다. 충분히 본문을 이해하도록 배려하며 글을 썼습니다. 혹시 본문을 읽으신 분은 감동이 오는 말씀이나 단어 혹은 느낌을 간단히 적으시면 좋습니다.

계속해서 하나님이 쓰시기에 합당한, 쓸 만한 사람은 어떤 사람인지를 살펴보겠습니다.

6. '조급함' : 오래 참을 수 있는 사람입니다.

"오래 참으면 관원도 설득할 수 있나니 부드러운 혀는 뼈를 꺾느니라"(잠25:15)

잠언 기자는 오래 참는다는 말의 뜻을 "부드러운 혀"로 해석하였습니다. 결국 오래 참는다는 것은 마음의 분노가 생기더라도 꾹 참는 그런 소극적인 의미가 아니라, 적극적으로 감정을 제어하고 분노 없이 상황들을 대면하는 의미임을 알 수 있습니다.

7. '끝없는 욕심' : 자신의 욕심대로 움직이지 않는 사람입니다.

"너는 꿀을 보거든 족하리만큼 먹으라 과식함으로 토할까 두려우니라"(잠25:16)

본문에 나오는 "꿀"이란 표현은 이 세상에서 가질 수 있는 즐거움 혹은 영예 등을(잠25:16,27) 말합니다. 그런데 이런 것들과 상관치 않을 수 있는, 즉 자신의 욕심대로 움직이지 않는 사람을 말합니다. 바울의 말을 인용하면 "자기 생활에 얽매"(딤후2:4)이지 않는 자를 말합니다.

8. '무자비' : 위로하는 법을 아는 사람입니다.

> "네 원수가 배고파하거든 음식을 먹이고 목말라하거든 물을 마시게 하라"(잠25:21)

정말 단순한 이야기입니다. '배고파하거든 먹이고 목말라하거든 마시게 하라.' 그런 마음을 가지고 편견 없이 사람을 대하는 사람, 하나님은 그 사람을 쓰실 것입니다. 주님의 뜻이 그러하기 때문입니다. 아마 이 말씀들을 기억하실 것입니다.

> "죽을 자리로 끌려 가는 사람을 건져 내고, 죽음에 말려 드는 사람을 구하여라."(공동번역/잠24:11)

> "원수가 넘어졌다고 좋아하지 말고 그가 망했다고 기뻐하지 말아라."(공동번역/잠24:17)

당연한 이야기 아닙니까? 하나님이 원하시는 조건 말입니다. 소박하지 않습니까?

'이 같은 요청이 납득이 된다면 당신은 쓸 만합니다.'

* Meditatio 묵상
오늘 말씀을 통하여 깨닫게 된 것을 짧게 적어보십시오.

213

쓸 만한 사람의 조건 3

* Lexio 읽기 / 잠언 25:28

가능하면 오늘의 본문을 먼저 읽는 것이 좋지만 바로 아래 글을 읽어도 좋습니다. 충분히 본문을 이해하도록 배려하며 글을 썼습니다. 혹시 본문을 읽으신 분은 감동이 오는 말씀이나 단어 혹은 느낌을 간단히 적으시면 좋습니다.

쓸 만한 사람은 어떤 사람인지 아홉 번째 이야기 입니다.

9. '무절제' : 자기의 마음을 제어할 줄 하는 사람입니다.
　　"자기의 마음을 제어하지 아니하는 자는 성읍이 무너지고 성벽이
　　없는 것과 같으니라"(잠25:28)

　무너진 세상의 모습은 더 이상 언급할 필요가 없을 만큼 확연합니다. 무력한 크리스천과 교회가 가장 큰 위기의 모습을 보여주고 있기 때문입니다.

　'성벽이 없다.' 이미 크리스천의 마음은 무장해제 되었습니다. 세속적인 생각과 가치가 문화의 물결로 우리들 안에 들어섰습니다. 막을만한 기독교적 가치와 문화 등의 성벽은 없습니다. 무너진 상태입니다. 거대한 세상 문화에 교회는 이미 점령당했습니다. 편의주의적 세속화, 물질주의, 기복주의, 번영신학 등으로 지킬 성벽이 사라진 것입니다.

　이미 세상은 무너진 예루살렘 성과 같습니다. 교회가 이 세상이 더러

워지는 물결을 막지 못하고 오히려 함께 무너지는 현실 앞에 오히려 세상은 자유해진 것입니다. 더러움의 관영(貫盈)입니다. 이미 양심의 가책을 느끼지 않는 사람들. 어이없게도 교회와 크리스천마저 그 행렬에 들어선 것입니다. 어쩌다 이렇게 된 것입니까?

마음을 지키지 못해서 벌어진 일입니다. 원래 기독교의 핵심은 온 마음으로 하나님을 사랑하는 것인데, 구약과 신약을 관통하는 진리의 시작인데, 이것을 지키지 못해서 벌어진 것입니다.

> "예수께서 이르시되 네 마음을 다하고 목숨을 다하고 뜻을 다하
> 여 주 너의 하나님을 사랑하라 하셨으니 이것이 크고 첫째 되는
> 계명이요"(마22:37-38)

마음을 다해 하나님 사랑하는 것, 그것이 시작입니다. 그런데 그 '마음 다한 사랑'을 놓친 것입니다. 그 대신에 마음을 다하여 축복, 돈, 성공 따위를 구하는 등 어리석은 자들처럼 '방자하게'(잠14:16) 살아온 것입니다.

이제 회복해야 할 것은 마음을 다시 지키는 것입니다. 하나님을 사랑하는 마음부터 다시 수축(修築)하는 것입니다. 견고하게 성벽을 다시 쌓는 것입니다. 가장 우선할 일입니다.

'하나님을 사랑하는 일, 마음을 지키는 일부터 먼저!'

* Meditatio 묵상
오늘 말씀을 통하여 깨닫게 된 것을 짧게 적어보십시오.

_____

_____

제 9 부

거룩한 것으로 채워야 한다

토한 것을 다시 먹지 않는다

* Lexio 읽기 / 잠언 26:1-12

가능하면 오늘의 본문을 먼저 읽는 것이 좋지만 바로 아래 글을 읽어도 좋습니다. 충분히 본문을 이해하도록 배려하며 글을 썼습니다. 혹시 본문을 읽으신 분은 감동이 오는 말씀이나 단어 혹은 느낌을 간단히 적으시면 좋습니다.

> "까닭 없는 저주는 참새가 떠도는 것과 제비가 날아가는 것 같이
> 이루어지지 아니하느니라"(잠26:2)

다윗과 골리앗이 싸울 때입니다. 골리앗은 자신 앞에 나온 다윗에게 블레셋의 섬기는 신들의 이름으로 저주합니다(삼상17:43). 그러나 아무일도 일어나지 않았습니다. 골리앗의 저주는 까닭 없는, 쓸모없는 저주였기 때문입니다.

쓸모없는 저주였기에 안심이 되는 말씀이지만, 달리 말하면 하나님께서 까닭 있는 행동을 하신다는 뜻입니다. 잠언 기자는 그것을 미련한 자의 이야기로 설명하였습니다.

> "미련한 사람을 시켜서 소식을 보내는 것은, 제 발목을 자르거나
> 폭력을 불러들이는 것과 같다."(새번역/잠26:6)

> "미련한 사람이나 지나가는 사람을 고용하는 것은, 궁수가 닥치
> 는 대로 사람을 쏘아대는 것과 같다."(새번역/잠26:10)

쓸 수 없다는 뜻입니다. 우리가 예수를 믿고 구원에 이르지만 쓰임 받는 것은 다른 차원인 이유입니다. 준비된 만큼 쓰임 받는 것입니다. 이어 미련한 자들이 쓰임 받지 못하는 결정적인 이유를 잠언 기자가 말합니다.

"개가 그 토한 것을 도로 먹는 것 같이 미련한 자는 그 미련한 것을 거듭 행하느니라"(잠26:11)

반복입니다. 자신의 문제를 극복하지 못하고 계속 반복하는 것입니다. 개가 그 토한 것을 다시 먹듯이 말입니다.

그런 사람은 하나님이 쓰시지 않습니다. 다른 말로 하면 준비되지 않았기 때문입니다. 그들의 다짐은 신뢰할 수 없습니다. 금방 철회하거나 포기하기 때문입니다.

그러므로 토한 것은 다시 먹지 마십시오. 아무리 배고프더라도 쓰레기 더미를 기웃거리지는 마십시오. 배고픈 상태를 유지해 보십시오. 무엇을 하기보다 우선 하나님을 사랑하는 마음을 회복하십시오. 조심히 그분께 기대는 시간을 더 많이 가져 보십시오. 그 시간이 지난 어느 날 "까닭"이 생길 것입니다. 하나님이 쓰실 것입니다.

'토한 것을 다시 먹지 마십시오. 기웃거리지 마십시오. 하나님을 더 사랑하십시오.'

* Meditatio 묵상
오늘 말씀을 통하여 깨닫게 된 것을 짧게 적어보십시오.

미련한 자는 지식이 없어 죽는다

* Lexio 읽기 / 잠언 26:11

가능하면 오늘의 본문을 먼저 읽는 것이 좋지만 바로 아래 글을 읽어도 좋습니다. 충분히 본
문을 이해하도록 배려하며 글을 썼습니다. 혹시 본문을 읽으신 분은 감동이 오는 말씀이나
단어 혹은 느낌을 간단히 적으시면 좋습니다.

"개가 그 토한 것을 도로 먹는 것 같이 미련한 자는 그 미련한 것
을 거듭 행하느니라"(잠26:11)

'미련한 것을 거듭 행한다.' 미련하기 때문입니다. 그렇다면 왜 미련
한 것입니까? 어떻게 해야 미련에서 벗어날 수 있는 것입니까?

사실 잠언서의 강조가 지혜에 대한 것이지만 동시에 미련에 대한 것
을 내포하고 있습니다. 지혜를 말함은 미련함을 전제한 것이기 때문입
니다. 아마 기억하실 것입니다. 잠언서 전체 주제를 규정하는 말씀입
니다.

"여호와를 경외하는 것이 지식의 근본이거늘 미련한 자는 지혜와
훈계를 멸시하느니라"(잠1:7)

미련함은 하나님을 아는 지식의 부재에서 오는 것이고, 이 같은 지
식의 부재는 지혜를 우습게 여기는 것과 같습니다. 그렇다면 왜 지혜
를 구하지 않고 우습게 여기는 것입니까? 반복하여 이야기하지만 자신

이 옳다고 여기기 때문입니다. 달리 말하면 자신이 지혜롭다고 생각하기 때문입니다.

> "미련한 자는 자기 행위를 바른 줄로 여기나 지혜로운 자는 권고를 듣느니라"(잠12:15)

'자신이 옳다.' 그래서 자기를 주장하고 "자기의 의사를 드러내기만 기뻐"(잠18:2)하는 것입니다. 그래서 하나님을 알지 못합니다. 담을 여백이 없습니다. 하나님을 아는 지식에 이를 가능성이 없습니다. 이처럼 알지 못한 까닭에 반복합니다. 미련한 자가 개가 토한 것을 다시 먹듯이 반복하는 이유입니다. 그런데 그 정도로 끝나지 않습니다. 잠언 기자가 섬뜩한 말을 하였습니다.

> "미련한 자는 지식이 없어 죽느니라"(잠10:21)

이제 본질적인 질문을 하겠습니다. 미련한 자는 왜 지식을 구하지 않으며 지혜를 추구하지 않습니까? 무슨 놀라운 이유가 있는 것이 아니라 잠언 기자는 그 이유를 '안일함', 곧 일종의 게으름 때문이라고 말합니다. '일종의 게으름!'

> "미련한 자의 안일은 자기를 멸망시키려니와"(잠1:32)

"미련한 자는 지식이 없어 죽는다.' 기막히지 않습니까?'

* Meditatio 묵상

오늘 말씀을 통하여 깨닫게 된 것을 짧게 적어보십시오.

미련한 자는 교만하다

* Lexio 읽기 / 잠언 26:13-16

가능하면 오늘의 본문을 먼저 읽는 것이 좋지만 바로 아래 글을 읽어도 좋습니다. 충분히 본문을 이해하도록 배려하며 글을 썼습니다. 혹시 본문을 읽으신 분은 감동이 오는 말씀이나 단어 혹은 느낌을 간단히 적으시면 좋습니다.

"미련한 자의 안일은 자기를 멸망시키려니와"(잠1:32)

미련한 자가 계속 미련함에 거하는 이유는 '안일함' 때문입니다. "안일"로 번역된 히브리어 단어 '솨르바'는 풍부함에서 오는 안락 같은 것을 말합니다. 그러니까 긴장이 사라진 상태, 곧 '마음을 내려놓은'(공동번역) 상태를 말합니다.

그러므로 "안일"이란 생각하지 않는 것입니다. 생각 없이 사는 것입니다. '생각이 없다!' 그래서 아무렇게나 말합니다. 자신의 나태함을 지키기 위해서 생각 없이 말하고 생각 없이 삽니다.

"게으른 자는 길에 사자가 있다 거리에 사자가 있다 하느니라"

(잠26:13)

요즈음 말로 하면 '살인범이 돌아다니고 있다'라고 말하는 것과 같을 것입니다. 그래서 밖으로 나가지 않는다는 비유입니다. 이렇게 자신이 말하고 있는 것의 의미를 생각하지 않고 말합니다. 게으름, 나태, 핑계, 안일. 미련한 자의 특징입니다.

미련한 자의 게으름은 처음엔 안일과 나태처럼 보이지만 점점 깊이 들어서면 아예 생각 자체가 없는 물질 같은 존재로 바뀝니다. 게으름의 극치입니다.

> "문짝이 돌쩌귀를 따라서 도는 것 같이 게으른 자는 침상에서 도느니라 게으른 자는 그 손을 그릇에 넣고도 입으로 올리기를 괴로워하느니라"(잠26:14-15)

'그저 물질 같은 사람', 그래도 자기만의 생각이 있습니다. 스스로 옳다고 지혜롭게 여기는 것입니다.

> "게으른 자는 사리에 맞게 대답하는 사람 일곱보다 자기를 지혜롭게 여기느니라"(잠26:16)

이것이 게으른 자의 욕망입니다. 완벽한 자기주장, 그러므로 게으른 자는 극도로 교만한 자입니다. 완전히 자기 속에 갇혀 더 이상 하나님을 알기도 원치 않습니다. 지금 이대로 사는 것을 즐기는 것입니다.

'미련한 것과 게으른 것은 같은 것입니다. 그 뿌리는 교만입니다. 잊지 마십시오.'

* Meditatio 묵상
오늘 말씀을 통하여 깨닫게 된 것을 짧게 적어보십시오.

미련한 자는 마치 물질 같다

* Lexio 읽기 / 잠언 26:17-19

가능하면 오늘의 본문을 먼저 읽는 것이 좋지만 바로 아래 글을 읽어도 좋습니다. 충분히 본문을 이해하도록 배려하며 글을 썼습니다. 혹시 본문을 읽으신 분은 감동이 오는 말씀이나 단어 혹은 느낌을 간단히 적으시면 좋습니다.

> "문짝이 돌쩌귀에 달려 돌듯 게으른 자는 자리에 누워 뒹굴기만
> 한다."(공동번역/잠26:14)

게으름은 미련한 자의 영성입니다. 그 같은 삶이 자신의 삶의 방법이기 때문입니다.

미련한 자의 특징은 게으름만 있는 것이 아니라 그 깊이에 이르면 단순한 '물질'처럼 살게 된다는 것입니다. 아무런 이유도 없이, 생각도 없이 사는 것입니다. 미련함의 극치는 이처럼 감정마저 사라진 사이코패스 같은 모습을 띱니다.

아무런 이유도 없이 가만히 있는 개의 귀를 잡아당기는 것처럼 쓸데 없는 참견을 하고(잠26:17) 아무런 이유도 없이 사람을 죽입니다. 잠언 기자는 아예 "미친 사람"이라고 규정하였습니다.

> "횃불을 던지며 화살을 쏘아서 사람을 죽이는 미친 사람이 있나
> 니"(잠26:18)

감정이 없습니다. 깨달음이 없습니다. 부끄러움이 없습니다. 그저 물질 같은 존재입니다.

오늘 우리가 살고 있는 시대에도 이런 사람들을 봅니다. 실제로 아무런 이유 없이 사람을 죽이는 것 같은 사이코패스들만이 아니라 사이코패스적 성향을 가진 사람들도 봅니다. 잠재적 위험인물들입니다.

더 나아가 예배를 드리고 말씀을 듣고 난 후 더러움과 죄를 부끄러움도 없이 짓고 있다면 그 사람도 그런 존재입니다. 이미 그 길에 들어선 것입니다. 부끄러움도 없다면!

미련한 자는 뻔뻔합니다. 거짓과 불의를 행하더라도 당당합니다. 스스로 자신을 지혜롭다고 여깁니다. 하지만 미련의 극치 아닙니까? 위험합니다.

> "자기의 이웃을 속이고 말하기를 내가 희롱하였노라 하는 자도
> 그러하니라"(잠26:19)

'무뎌진 존재, 물질 같은 존재, 이들에게는 감정이 없습니다. 그러므로 우리는 늘 자신을 주의해야 합니다.'

* Meditatio 묵상
오늘 말씀을 통하여 깨닫게 된 것을 짧게 적어보십시오.

미련한 자는 무지하다

* Lexio 읽기 / 잠언 26:20-28
가능하면 오늘의 본문을 먼저 읽는 것이 좋지만 바로 아래 글을 읽어도 좋습니다. 충분히 본문을 이해하도록 배려하며 글을 썼습니다. 혹시 본문을 읽으신 분은 감동이 오는 말씀이나 단어 혹은 느낌을 간단히 적으시면 좋습니다.

> "자기의 이웃을 속이고 말하기를 내가 희롱하였노라 하는 자도
> 그러하니라"(잠26:19)

이 뻔뻔하고 당당한 자들, 자신의 죄와 잘못을 밥 먹듯이 거짓으로 감추고 왜곡하는 자들의 실상은 '미련'입니다. 하나님을 모르는 무지함에서 나오는 담대한 죄이기 때문입니다.

그들의 즐거움은 남의 말을 하는 것입니다. "맛난 음식"(공동번역/잠26:22) 같이 남의 말을 하고 평가하는 것으로 쾌감을 느낍니다.

> "남의 말 하기를 좋아하는 자의 말은 별식과 같아서 뱃속 깊은 데
> 로 내려가느니라"(잠26:22)

그들은 정의로워 보이고 매우 지혜로운 것처럼 말을 합니다. 그러나 실제는 전혀 그런 삶을 살지 않을 뿐 아니라 내면을 위장하고 겉으로는 "그럴싸한 말"(공동번역/잠26:24)을 합니다. 실제는 그 속에 "구렁이

가 일곱 마리"(공동번역/잠26:25)나 똬리를 틀고 앉아있는데 말입니다.

> "온유한 입술에 악한 마음은 낮은 은을 입힌 토기니라... 그 말이
> 좋을지라도 믿지 말 것은 그 마음에 일곱 가지 가증한 것이 있음
> 이니라"(잠26:23,25)

'가증스럽게 위장하다.' 그들은 언젠가 반드시 드러날 것을 모릅니다. 같은 부류들이나 어리석은 자들의 환호와 지지에 자기를 계속 공고하게 만들어 갑니다. 두말할 것도 없이 어느 날 그는 자신을 상실할 것입니다. 위장되고 교묘하게 꾸며진 거짓 자신을 진정한 자기 자신으로 착각하기 때문입니다. 중세 어떤 마법사가 군중들의 환호에 착각하여 스스로 자신이 공중을 날 수 있다고 생각한 것처럼 말입니다. 그 마법사는 실제로 시도하다 추락하여 죽습니다. 잠언 기자가 같은 말을 합니다.

> "함정을 파는 자는 그것에 빠질 것이요 돌을 굴리는 자는 도리어
> 그것에 치이리라"(잠26:27)

'미련한 자는 무지한 자입니다. 무엇보다 먼저 자기 자신을 모르는 자입니다. 얄팍한 거짓과 속임수로 살아갑니다. 그러다 진짜로 그런 자가 됩니다. 그것이 미련한 무지의 도착역입니다.'

* Meditatio 묵상
오늘 말씀을 통하여 깨닫게 된 것을 짧게 적어보십시오.

내일은 오지 않을 수도 있다

* Lexio 읽기 / 잠언 27:1

가능하면 오늘의 본문을 먼저 읽는 것이 좋지만 바로 아래 글을 읽어도 좋습니다. 충분히 본문을 이해하도록 배려하며 글을 썼습니다. 혹시 본문을 읽으신 분은 감동이 오는 말씀이나 단어 혹은 느낌을 간단히 적으시면 좋습니다.

"너는 내일 일을 자랑하지 말라 하루 동안에 무슨 일이 일어나는지 네가 알 수 없음이니라"(잠27:1)

개인적으로 이 말씀을 정말로 뼈저리게 체험하였습니다. 앞에서 이야기했듯이, 1999년 12월 26일 주일 예배를 마치고 교회 밖으로 나오다가 한 세숫대야의 피를 토하고 쓰러졌습니다. 건강만큼은 늘 자신이 있었지만 갑작스럽게 닥친 상황은 매우 당황스러웠습니다. 그리고 검사 결과 위암이었습니다.

그 순간 나는 내가 갖고 있었던 모든 것들로부터 격리되는 것을 체험하였습니다. 이미 계획된 스케줄부터 시작하여, 내가 없으면 안 될 것 같은 모든 일까지 나는 철저하게 제외되어야 했습니다.

수술하고 난 후의 며칠의 체험은 더 처절하였습니다. 수술한지 닷새쯤 되었을 때 말씀을 읽다가 성경이 미끄러져 침대 밑으로 떨어졌습니다. 그런데 누군가의 도움이 없이는 그 성경책을 잡아 들 수 없었습니다. 그저 물끄러미 쳐다보는 일만 할 수 있었습니다. 연약함이었습니다. 그 때 어떤 깨달음이 왔습니다. 성경책 여백에 쓴 나의 고백입니다.

'이제 내가 얼마나 약한지 압니다. 말할 수 없이 약하고 보잘 것 없는 나의 실체를 알겠습니다. 몸도 가누지 못하는 어리석은 자가 인생의 주인일 수 없는 것을 이젠 알겠습니다.'

나는 내가 만난 고통을 진실로 감사하게 생각합니다. 왜냐하면 그 고통은 나로 하여금 나의 본질을 보게 하였고 더욱 진심으로 하나님을 의존하는 계기가 되었기 때문입니다. 어쩌면 잠언 기자도 이 사실을 알고 있었던 듯합니다. 그는 이렇게 말합니다. '너희는 내일 일을 자랑하지 말라'(잠27:1). 이 말을 다시 풀어 설명하면 이렇습니다.

'너희는 내일이 너의 것이라고 생각하지 말라.'

우리가 나태한 이유는 내일이 내 것이라고 생각하기 때문입니다. 그래서 오늘 일을 내일로 연기합니다. 그것이 착각입니다. 내일은 아직 오직 않았지만 영원히 오지 않을 수도 있다는 것을 모릅니다.

'우리는 오늘만 살 수 있는 존재입니다. 내일은 주님의 손에 있습니다.'

* Meditatio 묵상
오늘 말씀을 통하여 깨닫게 된 것을 짧게 적어보십시오.

거룩한 것으로 채워야 한다

* Lexio 읽기 / 잠언 27:2-10

가능하면 오늘의 본문을 먼저 읽는 것이 좋지만 바로 아래 글을 읽어도 좋습니다. 충분히 본문을 이해하도록 배려하며 글을 썼습니다. 혹시 본문을 읽으신 분은 감동이 오는 말씀이나 단어 혹은 느낌을 간단히 적으시면 좋습니다.

> "타인이 너를 칭찬하게 하고 네 입으로는 하지 말며 외인이 너를
> 칭찬하게 하고 네 입술로는 하지 말지니라"(잠27:2)

가끔 나도 스스로 나를 지나치게 자랑하고 칭찬할 때가 있습니다. 그런 나를 들여다보면 뭔가 부족함이 보일 때입니다. 혹은 살아온 날 동안의 비루함 때문입니다. 불쌍한 나를 발견합니다.

부족함과 비루함, 그런 이유로 우리는 누군가의 칭찬을 듣기 좋아합니다. 내면이 허한 까닭입니다. 무엇이라도 채워 넣고 싶은 것입니다. 심지어 원수라 할지라도 말입니다. 하지만 잠언 기자는 그러지 말 것을 요청하였습니다.

> "친구의 꾸짖음은 좋게 받아 들여도 원수의 입맞춤은 거절해야
> 한다."(공동번역/잠27:6)

한동안 인기를 모았던 베스트셀러 중에 '칭찬은 고래도 춤추게 한다'

는 책이 있습니다. 실제로 칭찬이 사람에게 동기를 부여하고 새로운 힘을 주는 것도 사실입니다. 하지만 잠언서 말을 비춰보면 위험한 일입니다. 특히 내면의 진실이 없는 칭찬이란 그 자체가 진실이 아니기 때문입니다. 일시적으로 기분을 좋게 하는 것에 불과하기 때문입니다.

수도자의 삶을 살고 있다면 그런 외적인 칭찬이나 긍정적인 말에 솔깃하지 않습니다. 오히려 그런 것에 영향 받지 않고 넘어가는 성숙에 이를 것입니다. 잠언 기자가 그 성숙을 이렇게 설명하였습니다.

> "배부른 자는 꿀이라도 싫어하고 주린 자에게는 쓴 것이라도 다
> 니라"(잠27:7)

이미 설명한 것으로 말하면 내면이 채워졌기 때문입니다. 그러므로 허하지 않게 내면을 채워야 합니다. 두말할 것도 없이 거룩한 것으로 채워야 합니다. 쓸모없는 것들, 허망한 칭찬과 쓸데없는 욕망들이나 착각들은 버리고 하나님으로, 거룩으로, 말씀으로 채워야 합니다. 하나님의 사람의 방법입니다.

"하나님의 사람은 하나님의 방법으로!' 이것이 당연합니다. 세상적인 방법에 기웃거리지 마십시오.'

* Meditatio 묵상
오늘 말씀을 통하여 깨닫게 된 것을 짧게 적어보십시오.

철이 철을 날카롭게 한다

* Lexio 읽기 / 잠언 27:11~19

가능하면 오늘의 본문을 먼저 읽는 것이 좋지만 바로 아래 글을 읽어도 좋습니다. 충분히 본문을 이해하도록 배려하며 글을 썼습니다. 혹시 본문을 읽으신 분은 감동이 오는 말씀이나 단어 혹은 느낌을 간단히 적으시면 좋습니다.

"배부른 자는 꿀이라도 싫어하고 주린 자에게는 쓴 것이라도 다

니라"(잠27:7)

내면이 배부른 자, 하나님으로 풍족한 자는 달콤한 세상의 것을 넘어선 삶을 삽니다. 바울의 고백처럼 가장 소중한 분이신 예수를 아는 지식이 생겼기 때문입니다.

그는 스스로 자신을 칭찬하거나 다른 사람들의 칭찬 여부에 일희일비(一喜一悲) 하지 않습니다. 오히려 두려워합니다. 그러니 더더욱 그는 누군가에게 깊이 없는 칭찬이나 축복의 언어를 남발하지 않습니다. 잠언 기자가 매우 재미있게 표현하였습니다.

"이른 아침에 큰 소리로 자기 이웃을 축복하면 도리어 저주 같이

여기게 되리라"(잠27:14)

가장 위험한 시대는 칭찬과 축복을 남발하는 시대입니다. 그래서 언제나 무너지는 권력이나 위기를 만난 지도자들 주변에는 칭송과 긍정

을 말하는 자들만 있었습니다. 'NO'를 말할 수 없는 것이 비극이 된 것입니다.

그렇다면 왜 없는 것입니까? 그 사람 자신이 정확하게 잘못된 것을 지적할 수 있을만큼 스스로 견고하거나 바르지 않기 때문입니다. 그래서 잠언 기자의 말이 너무 중요합니다.

> "철이 철을 날카롭게 하는 것 같이 사람이 그의 친구의 얼굴을 빛나게 하느니라"(잠27:17)

'사람이 사람을 빛나게 한다!' 자신을 잘 단련하여 단단하고 견고한 존재(Iron man)가 될 때 다른 존재를 새롭게 할 것입니다. 이런 의미에서 잘 준비되고 훈련된 하나님의 사람들은 사람들에게 영향을 줄 수 밖에 없습니다. 그가 존재하는 것만으로 세상은 영향 받을 것입니다. 하나님은 사람을 그런 '영향력'으로 만드셨기 때문입니다. 사람은 사람으로 인해 물들기 때문입니다.

> "내 얼굴은 남의 얼굴에, 물에 비치듯 비치고 내 마음도 남의 마음에, 물에 비치듯 비친다."(공동번역/잠27:19)

'슬그머니 누군가에게 선한 영향력을 끼치는 사람이 진정한 크리스천입니다. 당연하게 벌어지는 현상이기에 그렇습니다.'

* Meditatio 묵상
오늘 말씀을 통하여 깨닫게 된 것을 짧게 적어보십시오.

하나님으로 부요해야 한다

* Lexio 읽기 / 잠언 27:20-27

가능하면 오늘의 본문을 먼저 읽는 것이 좋지만 바로 아래 글을 읽어도 좋습니다. 충분히 본문을 이해하도록 배려하며 글을 썼습니다. 혹시 본문을 읽으신 분은 감동이 오는 말씀이나 단어 혹은 느낌을 간단히 적으시면 좋습니다.

> "스올과 아바돈은 만족함이 없고 사람의 눈도 만족함이 없느니
> 라"(잠27:20)

공동번역으로 다시 읽겠습니다.

> "지옥과 저승은 아무리 들어 가도 한이 없듯이 사람의 욕심도 끝
> 이 없다."(공동번역/잠27:20)

잠언 기자의 지혜로운 표현처럼 지옥이란 무한히 채운 것의 결과라할 수 있습니다. 배가 터질지도 모르는데 황소만큼 커지려고 끝없이 채우는 개구리 이야기처럼 지옥은 끝없이 채우는 것의 종착역입니다.

누가복음 16장에 나오는 부자와 거지 나사로 이야기를 보면 아브라함이 지옥에 떨어진 부자에게 하는 말이 참 인상적입니다. 그 부자가지옥에 떨어진 이유입니다.

> "아브라함은 이렇게 대답하였다. 생각해 보아라. 너는 살아 있을

때 좋은 것을 마음껏 누렸고 나사로는 온갖 괴로움만 겪었다. 하지만 지금 나사로는 여기서 위로를 받고 너는 거기서 고통을 받고 있다."(현대인의성경/눅16:25)

그런데 우리는 이 사실을 모릅니다. 이 땅에서의 무한한 풍요와 채움을 누리고 싶어 합니다. 욕망입니다. 끝없는 욕망의 화신들의 모습입니다. 그러나 누가복음 16장을 잠언의 언어로 말하면 "지옥"을 사는 것입니다. 끝없이 채우고 마음껏 누리는 이기적인 삶의 결과입니다.

이것이 미련입니다. 오로지 눈에 보이는 이 세상으로만 사는 것 말입니다. 그런데 변할 것 같지도 않습니다.

"미련한 자를 곡물과 함께 절구에 넣고 공이로 찧을지라도 그의 미련은 벗겨지지 아니하느니라"(잠27:22)

그러므로 이 세상을 사는 동안 세상의 것이 없어도 오로지 하나님으로 만족할 수 있는 사람은 정말 고귀합니다. 그 내면의 깊이가 하나님으로 가득 차 있기 때문입니다. 이들이 세상을 걸어 다니는 것만으로 세상은 아름다워질 것입니다. 아, 정말로 이런 자들이 되기를 사모합니다.

'세상의 부요를 부러워하지 말고 하나님으로 부요한 자들을 부러워하십시오.'

* Meditatio 묵상
오늘 말씀을 통하여 깨닫게 된 것을 짧게 적어보십시오.

의인은 사자 같이 담대하다

* Lexio 읽기 / 잠언 28:1-5

가능하면 오늘의 본문을 먼저 읽는 것이 좋지만 바로 아래 글을 읽어도 좋습니다. 충분히 본
문을 이해하도록 배려하며 글을 썼습니다. 혹시 본문을 읽으신 분은 감동이 오는 말씀이나
단어 혹은 느낌을 간단히 적으시면 좋습니다.

> "악인은 쫓아오는 자가 없어도 도망하나 의인은 사자 같이 담대
> 하니라"(잠28:1)

'의인은 담대하다.' 이해되지만 살짝 의문이 생깁니다. 의인의 고통
때문입니다. 담대할 수는 있으나 위기와 환란을 무조건 피할 수 있는
것은 아니기 때문입니다.

그렇다면 의인이 담대한 이유는 무엇입니까? 그것은 저 하늘, 곧 하
나님 나라와 관계있기 때문입니다. 알다시피 다니엘의 세 친구 사드락,
메삭, 그리고 아벳느고는 우상에게 절하는 것을 거절함으로 풀무불로
던져지는 형벌을 받습니다. 불행이었습니다. 하지만 그들은 "사자 같
이 담대"하였습니다.

> "우리가 이 일에 대하여 왕에게 대답할 필요가 없나이다 왕이여
> 우리가 섬기는 하나님이 계시다면 우리를 맹렬히 타는 풀무불 가
> 운데에서 능히 건져내시겠고 왕의 손에서도 건져내시리이다 그
> 렇게 하지 아니하실지라도 왕이여 우리가 왕의 신들을 섬기지도

아니하고 왕이 세우신 금 신상에게 절하지도 아니할 줄을 아옵소
서"(단3:16-18)

이것은 경고였습니다. 세상에서 죽을 수 있지만 그들은 다른 가치 체
계를 가진 이들이었습니다. 소위 하나님 나라 시스템입니다. 그래서 담
대한 것입니다.

세상의 것과 욕망을 버림으로 하나님 나라의 충만한 행복을 소유한
사람이었던 것입니다. 이런 사람이 세상을 걸어가고 다스리면 아름다
워지는 것은 당연할 것입니다.

"나라는 죄가 있으면 주관자가 많아져도 명철과 지식 있는 사람
으로 말미암아 장구하게 되느니라"(잠28:2)

그들은 하나님을 아는 지식으로 인한 지혜와 명철을 소유한 사람입
니다. 세상에서도 소망이 생기는 까닭입니다. '모든 것을 깨닫는 존재'
이기 때문입니다.

"악인은 정의를 깨닫지 못하나 여호와를 찾는 자는 모든 것을 깨
닫느니라"(잠28:5)

"하나님의 지식으로 풍요로운 사람의 자유와 담대함!' 생각만 해도
아름답고 근사합니다.'

* Meditatio 묵상
오늘 말씀을 통하여 깨닫게 된 것을 짧게 적어보십시오.

237

늘 하나님을 경외하며 산다

* Lexio 읽기 / 잠언 28:6-14

가능하면 오늘의 본문을 먼저 읽는 것이 좋지만 바로 아래 글을 읽어도 좋습니다. 충분히 본문을 이해하도록 배려하며 글을 썼습니다. 혹시 본문을 읽으신 분은 감동이 오는 말씀이나 단어 혹은 느낌을 간단히 적으시면 좋습니다.

"악인은 정의를 깨닫지 못하나 여호와를 찾는 자는 모든 것을 깨닫느니라"(잠28:5)

'정의를 깨닫지 못하다.' 왜 그런 것입니까? 잠언 기자는 그 이유를 "귀를 막고 하나님의 법을 듣지 아니"하는 경향성 때문이라고 말합니다. 결국 하나님의 말씀과 진리에 귀를 기울이지 않는다는 것은 자신의 의로움에 빠졌다는 것을 의미합니다. 자기 자신의 의로움에 빠져서 모든 것들을 바라보기 때문에 그들은 자기에게 편하고 유익한 것은 옳은 것이고, 자기에게 불편하고 불리한 것은 나쁜 것이라 여기는 행동양식을 갖고 있다는 말입니다.

그래서 그들은 하나님의 음성을 듣지 않습니다. 하나님의 훈계와 경책을 가볍게 여깁니다. 닫힌 것입니다. 막힌 것입니다. 이처럼 스스로 하나님을 막은 것이지만 그 순간 하나님을 향한 길도 막힙니다.

"귀를 막고 하나님의 법을 듣지 아니하면, 하나님은 그의 기도마저 역겨워하신다."(공동번역/잠28:9)

그렇다면 하나님이 원하시는 의인, 아름다운 사람은 어떤 사람입니까? 잠언 기자는 하나의 그림으로 설명합니다.

> "가난하여도 성실하게 행하는 자는 부유하면서 굽게 행하는 자보다 나으니라... 부자는 자기를 지혜롭게 여기나 가난해도 명철한 자는 자기를 살펴 아느니라"(잠28:6,11)

이 말씀을 풀어서 설명한다면 이렇게 될 것입니다.

'배가 곯고 가난하게 살아도 성실하게 하나님의 말씀에 바르게 서서 살아가는 것이 많은 재물을 가지고 세상적인 부요함을 가지고 살아가는 것보다 훨씬 아름다운 것이라.'

아쉽게도 우리는 바르고 성실하게, 거짓을 행하지 않고 살면 가난할 확률이 높은 세상에서 살고 있습니다. 크리스천조차 세상을 기웃거리거나 유혹에 넘어가는 이유입니다. 그러므로 하나님을 늘 경외함으로 조심히 사는 크리스천은 얼마나 아름답고 복된 것입니까?

> "항상 경외하는 자는 복되거니와"(잠28:14)

'늘 하나님을 경외하며 세상 욕심에 기웃거리지 않고 말씀에 청종하며 가난하더라도 사자 같이 담대하게 사는 이들은 얼마나 아름답습니까? 그리 살 마음은 없습니까?'

* Meditatio 묵상
오늘 말씀을 통하여 깨닫게 된 것을 짧게 적어보십시오.

마음에 그를 받아들인다

* Lexio 읽기 / 잠언 28:15-28
가능하면 오늘의 본문을 먼저 읽는 것이 좋지만 바로 아래 글을 읽어도 좋습니다. 충분히 본문을 이해하도록 배려하며 글을 썼습니다. 혹시 본문을 읽으신 분은 감동이 오는 말씀이나 단어 혹은 느낌을 간단히 적으시면 좋습니다.

"항상 경외하는 자는 복되거니와"(잠28:14)

하나님을 항상 경외하며 사는 사람이 복된 사람입니다. 하나님은 그런 이들을 존중히 여기십니다. 하지만 세상에는 하나님과 관계없이 사는 사람들이 있습니다. "부르짖는 사자와 주린 곰" 같은 사람들 말입니다.

"가난한 백성을 압제하는 악한 관원은 부르짖는 사자와 주린 곰
같으니라"(잠28:15)

어떤 이들은 "벼락부자"를 꿈꿉니다. 요즘에는 이런 이들의 구미에 맞게 로또와 복권, 그리고 카지노 같은 것을 나라가 조장합니다. 옳지 않습니다.

"꾸준한 사람은 많은 복을 받지만 벼락부자가 되려는 사람은 벌
을 받고야 만다."(공동번역/잠28:20)

240

그들은 또한 부모의 물건을 도둑질하고도 뻔뻔스럽게 죄가 아니라고 주장합니다. 악인들입니다. 잠언 기자가 예를 들고 있는 사람들입니다.

이들의 또 다른 이름은 "미련한 자"입니다. 오직 자기들의 마음을 믿는 자들입니다.

"자기의 마음을 믿는 자는 미련한 자요"(잠28:26)

그런데 그 마음이란 부패한 마음입니다. 타락한 우리들의 본래 모습입니다. 우리들 스스로 그 문제를 해결할 수 없습니다.

"마음은 모든 것보다 거짓되고 몹시 병들어 있다. 누가 그것을 이해할 수 있겠는가?"(우리말성경/렘17:9)

'그런데 그 마음을 믿는다?' 그래서 그 결과가 뻔한 것입니다. 오로지 마음의 영역에 예수 그리스도를 받아들여야만 하는 이유입니다. 다른 방법은 없습니다.

"하나님께서 그를 죽은 자 가운데서 살리신 것을 네 마음에 믿으면 구원을 받으리라"(롬10:9)

'부패하고 더러운 마음에 먼저 예수 그리스도를 받아들이십시오. 다른 방법은 없습니다.'

* Meditatio 묵상
오늘 말씀을 통하여 깨닫게 된 것을 짧게 적어보십시오.

의인이 되는 것은 거룩한 일이다

가능하면 오늘의 본문을 먼저 읽는 것이 좋지만 바로 아래 글을 읽어도 좋습니다. 충분히 본문을 이해하도록 배려하며 글을 썼습니다. 혹시 본문을 읽으신 분은 감동이 오는 말씀이나 단어 혹은 느낌을 간단히 적으시면 좋습니다.

"악인은 정의를 깨닫지 못하나 여호와를 찾는 자는 모든 것을 깨
닫느니라"(잠28:5)

"여호와를 찾는 자"가 있는 나라는 소망이 있습니다. '모든 것을 깨닫는' 지혜로 나라를 통치할 것이기 때문입니다. 그러므로 그런 리더들이 무수히 일어나는 꿈을 꾸고 기도해야 합니다. 그들이 나라를 살릴 것이기 때문입니다.

"착한 사람이 세력을 잡으면 나라가 크게 빛나고 나쁜 사람이 권
력을 잡으면 사람들이 숨는다."(공동번역/잠28:12)

바른 지도자, 바른 왕은 분명 나라를 정의로 견고하게 할 것이고 백성들은 스스로 나라를 견고하게 할 것입니다. 든든해질 것입니다.

"왕은 정의로 나라를 견고하게 하나"(잠29:4)

그러나 이보다 더 중요한 것은 의인이 많아지는 것입니다. 의인이 많

은 것만으로도 아름답습니다. 백성들의 즐거움입니다.

> "의인이 많아지면 백성이 즐거워하고 악인이 권세를 잡으면 백성
> 이 탄식하느니라"(잠28:2)

더 나아가 그 의인은 도시를 축복합니다.

> "성읍은 정직한 자의 축복으로 인하여 진흥하고"(잠11:11)

그것도 한 두 명이 아닌 의인의 무리들이 축복하며 행진한다면 얼마나 아름답겠습니까? 이것이야 말로 하나님의 나라가 실현되는 것입니다. 그것이 부흥입니다. 그래서 항상 부흥의 역사 속에는 의인들의 무리가 있었습니다.

이제 우리 자신이 의로운 사람이 되는 것은 중요합니다. 그 아름다운 의인들이 무리가 되는 것, 공동체를 이루고 교회가 되는 것은 거룩함이기 때문입니다. 그러므로 개인의 경건과 거룩에 참여함으로 거룩한 무리가 되고 의인의 행렬에 들어서는 것은 하나님 나라에 참여하는 것입니다.

"흰 옷 입은 무리들이 세상을 행진한다.' 그림을 그리는 것만으로 설렙니다. 세상을 구원하는 거룩한 모습이기 때문입니다. 그렇지 않습니까?'

* Meditatio 묵상
오늘 말씀을 통하여 깨닫게 된 것을 짧게 적어보십시오.

책망과 훈계를 기뻐하다

* Lexio 읽기 / 잠언 29:9–17
가능하면 오늘의 본문을 먼저 읽는 것이 좋지만 바로 아래 글을 읽어도 좋습니다. 충분히 본문을 이해하도록 배려하며 글을 썼습니다. 혹시 본문을 읽으신 분은 감동이 오는 말씀이나 단어 혹은 느낌을 간단히 적으시면 좋습니다.

> "내 훈계를 듣고 돌아 서면 내 속마음을 부어 주고 내 속엣말을
> 들려 주련만, 너희는 불러도 들은 체도 않고 손을 내밀어도 아랑
> 곳하지 않는구나."(공동번역/잠1:23–24)

하나님의 훈계, 하나님의 책망은 우리를 포기하지 않으셨다는 증거입니다. 그러므로 죄책감이 일어나고 죄에 대한 부끄러움과 가책이 느껴지는 것은 지극히 좋은 것입니다. 문제는 이를 멸시하고 거절하고 귀를 막는 것입니다.

대다수의 사람들은 죄로 인한 책망과 환난이 올 때 그것을 깊이 생각하고 깊이 묵상하지 않습니다. 그래서 환난과 책망 가운데서도 돌이키지 않고 반복합니다. '반복하다!' 위험합니다. 잠언 기자는 '갑작스러운 패망'을 언급하였습니다.

> "자주 책망을 받으면서도 목이 곧은 사람은 갑자기 패망을 당하
> 고 피하지 못하리라"(잠29:1)

그렇다면 왜 이들은 책망이나 환난을 만날 때 깊이 생각하지 못하고 받아들이지 못하는 것입니까? 잠언 기자는 그 이유를 어리석기 때문에, 그리고 엉뚱한 것들에 대한 관심으로 차 있기 때문이라고 말합니다. 다음과 같은 것들입니다. "아첨"(잠29:5)하고 "포학"(잠29:13)하며 "피 흘리기를 좋아"(잠29:10)하고 "자기의 노를 다 드러내"(잠29:11)는 것 말입니다.

쉽게 말해서 찰랑이는 얕은 물처럼 깊이가 없는 사람이기 때문입니다. 짧고 작은 뇌, 속된 말로 새 머리를 가진 사람이기 때문입니다. 자신의 감정과 얕은 생각에 의존하여 사는 사람이기 때문입니다.

그러므로 지혜로운 자, 이 비밀을 아는 자들은 하나님의 책망을 즐거워합니다. 오히려 책망으로 인해 하나님을 더 사랑합니다.

"지혜 있는 자를 책망하라 그가 너를 사랑하리라"(잠9:8)

히브리서 기자는 징계가 친아들임을 증거 하는 것이라고 표현하였습니다.

"징계... 없으면 사생자요 친아들이 아니니라"(히12:8)

'징계와 훈계가 기쁘고 감사하다면 제대로 신앙생활하고 있는 것입니다. 하나님이 아버지이심을 경험하고 있기 때문입니다.'

* Meditatio 묵상

오늘 말씀을 통하여 깨닫게 된 것을 짧게 적어보십시오.

계시가 없으니 무질서한 것이다

* Lexio 읽기 / 잠언 29:18-27
가능하면 오늘의 본문을 먼저 읽는 것이 좋지만 바로 아래 글을 읽어도 좋습니다. 충분히 본문을 이해하도록 배려하며 글을 썼습니다. 혹시 본문을 읽으신 분은 감동이 오는 말씀이나 단어 혹은 느낌을 간단히 적으시면 좋습니다.

"자주 책망을 받으면서도 목이 곧은 사람은 갑자기 패망을 당하고 피하지 못하리라"(잠29:1)

사실 책망을 받으면서도 듣지 않는 것은 위험합니다. 더욱이 반복해서 무시하는 것은 매우 위험합니다. 들리지 않는 것이 책망의 소리뿐만이 아니라 하나님의 다른 음성도 들리지 않을 수 있기 때문입니다. 그때 하나님과 상관없는 자가 될 수 있습니다.

"묵시가 없으면 백성이 방자히 행하거니와 율법을 지키는 자는 복이 있느니라"(잠29:18)

그때 '방자히', 곧 "무질서"(현대인의성경/잠29:18)하게 살게 되는 이유가 발생하는데, 듣지 못하기 때문입니다. 하나님의 음성을 전혀 듣지 못하기 때문입니다. 하나님의 계시를 들을 체계가 없기 때문입니다.

"하나님의 계시가 없으면 백성이 무질서하겠지만 율법을 지키는 사람은 복이 있다."(현대인의성경/잠29:18)

'하나님의 계시가 없다.' 하나님의 영이 떠났기 때문입니다. 그것은 비참한 것입니다. 그 극명한 모습을 우리는 이스라엘 왕 다윗에게서 볼 수 있습니다.

밧세바를 범하고 그의 남편을 죽게 만든 후에도 다윗은 일상적인 삶을 삽니다. 하나님의 영이 그 안에 있었다고 볼 수 없습니다. 그러던 어느 날 나단 선지자가 다윗에게 하나님의 심판을 전합니다. 그때 다윗은 당장 이 기도를 드리지 않을 수 없었습니다.

> "나를 주 앞에서 쫓아내지 마시며 주의 성령을 내게서 거두지 마
> 소서"(시51:11)

다윗은 계시의 단절을 느꼈음이 틀림없습니다. 그 어떤 것도 경험되지 않는 암흑 같은 단절을 깨달았던 것입니다. 그러므로 민감해야 합니다. 죄에 대하여 민감하며 하나님의 책망과 훈계에 즉시 반응해야 합니다. 물론 부끄럽고 죄의식에 힘들지도 모릅니다. 그러나 그것이 바르게 살아있는 것입니다. 하나님을 경험하므로 나오는 반응이기 때문입니다.

'하나님의 책망과 훈계가 들리면 참 다행입니다.'

* Meditatio 묵상
오늘 말씀을 통하여 깨닫게 된 것을 짧게 적어보십시오.

제 10 부

버리는 것으로 시작하다

하나님의 말씀으로 충분하다

* Lexio 읽기 / 잠언 30:1-6

가능하면 오늘의 본문을 먼저 읽는 것이 좋지만 바로 아래 글을 읽어도 좋습니다. 충분히 본문을 이해하도록 배려하며 글을 썼습니다. 혹시 본문을 읽으신 분은 감동이 오는 말씀이나 단어 혹은 느낌을 간단히 적으시면 좋습니다.

"나는 정말 짐승같이 무지한 사람이다. 나는 사람에게 있어야 할 총명을 갖지 못했다. 나는 지혜를 배우지 못했고, 거룩하신 분을 아는 지식도 갖지 못했다."(쉬운성경/잠30:2-3)

잠언 30장을 쓴 아굴이 누구인지는 잘 알려져 있진 않지만 지혜의 사람임에는 틀림이 없습니다. 그런데 그런 아굴이 자신을 "짐승같이 무지한 사람"이라고 표현한 것입니다.

그는 자신이 누구인지, 얼마나 한계적 존재인지를 깨닫고 있었던 것입니다. 물론 다른 사람들과 비교하면 조금 지혜로운 것처럼 볼 수도 있었겠지만 아굴이 스스로 "무지"하다고 고백하는 것은 "거룩하신 자를 아는 지식"(잠30:3)의 부족함 앞에 다른 지식은 소용없다는 것을 인정하는 것이었습니다.

실제로 하나님의 위대한 사람들은 이런 사실을 알고 있었고, 그래서 그들은 한결 같이 아굴처럼 고백하였습니다. 바울은 자신을 "죄인 중에 내가 괴수"(딤전1:15)라고 표현하였고, 믿음의 조상 아브라함은 "티끌이나 재"(창18:27)와 같다고 고백하였습니다.

그렇다면 우리가 하나님을 알 수 있는 방법은 없는 것입니까? 물론 없습니다. 하지만 없기 때문에 속상할 필요는 없습니다. 우리가 하나님을 우리의 노력이나 지식으로 알지 못하여도 상관없습니다. 이미 충분히 계시되어있기 때문입니다. 우선 예수 그리스도가 완벽한 계시입니다. 그러므로 우리는 예수 그리스도를 믿어 완벽한 지식과 구원에 이를 수 있습니다.

동시에 성경을 통하여 드러나셨고 우리에게 지금 말씀하시고 계십니다. 우리에게 계시된 말씀, 곧 성경을 알고 믿기만 하여도 우리는 충분합니다.

"하나님의 말씀은 다 순전하며 하나님은 그를 의지하는 자의 방패시니라"(잠30:5)

'하나님을 추구하는 자들은 하나님의 말씀을 사모하고 묵상할 수밖에 없습니다. 우리에게 계시된 하나님의 유일한 말씀이기 때문입니다.'

* Meditatio 묵상
오늘 말씀을 통하여 깨닫게 된 것을 짧게 적어보십시오.

삶이 기도의 진실이다

* Lexio 읽기 / 잠언 30:7-9
가능하면 오늘의 본문을 먼저 읽는 것이 좋지만 바로 아래 글을 읽어도 좋습니다. 충분히 본
문을 이해하도록 배려하며 글을 썼습니다. 혹시 본문을 읽으신 분은 감동이 오는 말씀이나
단어 혹은 느낌을 간단히 적으시면 좋습니다.

"하나님의 말씀은 다 순전하며 하나님은 그를 의지하는 자의 방
패시니라"(잠30:5)

스스로 하나님을 아는 지식에 이를 수 없다는 것을 안 아굴에게 있어
서 하나님의 말씀을 알고 하나님을 의지하는 것은 중요했습니다. 하지
만 우리들처럼 아굴에게도 걱정이 있었습니다. 삶의 문제였습니다. 하
나님을 추구하는 자의 고민이었습니다. 하나님을 추구하는 자의 현실
적인 고민, 그의 기도에서 알 수 있습니다.

"내가 두 가지 일을 주께 구하였사오니 내가 죽기 전에 내게 거
절하지 마시옵소서 곧 헛된 것과 거짓말을 내게서 멀리 하옵시며
나를 가난하게도 마옵시고 부하게도 마옵시고 오직 필요한 양식
으로 나를 먹이시옵소서"(잠30:7-8)

아굴의 기도는 대단한 모습의 기도가 아니었습니다. 매우 현실적이
며 소박한 기도였습니다. 그의 첫 마디는 "헛된 것과 거짓말을 내게서
멀리 하옵시며"라는 기도였습니다. 근사하고 화려하게 많은 일을 할 수

는 없지만 하나님 앞에 진실과 정직으로 서고 싶다는 고백이었습니다.

두 번째 기도는 너무 정직하고 겸손합니다. 그래서 아름답습니다. "나를 가난하게도 마옵시고 부하게도 마옵시고 오직 필요한 양식으로 나를 먹이시옵소서."

이 기도는 주님이 우리에게 가르쳐주신 기도(주기도문), '일용할 양식을 주옵시고'의 전문처럼 보입니다. 하루를 살겠다는 고백, 지금 필요한 것으로 만족한다는 기도였습니다.

단순하고 겸손한 기도, 아굴의 기도에서 찾게 되는 기도의 모습입니다. 사실 기도할 때 세계, 민족, 하나님 나라를 꿈꾸며 기도할 수 있다면 정말 좋습니다. 하지만 삶의 단순하고 소박한 부분에도 하나님의 통치가 이뤄지지 않았다면 그 기도들은 모두 입술에만 있는 허황된 기도일지도 모릅니다. 기도는 입술로만 이뤄지는 것이 아니라 걸어 다니는 삶의 진실이기 때문입니다.

'우리가 구할 수 있는 것은 '나를 불쌍히 여겨주소서'라는 고백 외에는 없습니다. 그것이 진실입니다. 그런 우리에게 '하나님 나라와 의를 구하는 기도'를 요청하신 주님 앞에 서는 것은 영광입니다. 감사입니다.'

* Meditatio 묵상
오늘 말씀을 통하여 깨닫게 된 것을 짧게 적어보십시오.

버리는 것으로 시작하다

* Lexio 읽기 / 잠언 30:10-20

가능하면 오늘의 본문을 먼저 읽는 것이 좋지만 바로 아래 글을 읽어도 좋습니다. 충분히 본문을 이해하도록 배려하며 글을 썼습니다. 혹시 본문을 읽으신 분은 감동이 오는 말씀이나 단어 혹은 느낌을 간단히 적으시면 좋습니다.

"곧 헛된 것과 거짓말을 내게서 멀리 하옵시며 나를 가난하게도
마옵시고 부하게도 마옵시고 오직 필요한 양식으로 나를 먹이시
옵소서"(잠30:8)

단순하고 소박해 보이지만 삶의 진실성이 내재되어 있기에 이는 진실한 기도입니다. 이 엉망인 세상, 모든 것들을 조작하고 왜곡하는 세상에서의 진실입니다. 그래서 아름다운 것입니다.

'세상, 이 기막힌 세상!'

"밑도 안 씻고 깨끗한 체하는 세상, 눈이 높아 하늘 높은 줄 모르
는 세상."(공동번역/잠30:12-13)

이미 통제할 수도, 제어할 수도 없는 세상입니다. 모든 것을 빨아들이는 욕망의 늪 같은 세상입니다. 잠언 기자는 "거머리"라고 표현하였습니다.

"거머리에게는 두 딸이 있어 다오 다오 하느니라 족한 줄을 알지
못하여 족하다 하지 아니하는 것 서넛이 있나니 곧 스올과 아이
배지 못하는 태와 물로 채울 수 없는 땅과 족하다 하지 아니하는
불이니라"(잠30:15-16)

한 마디로 말해서 만족할 수 없는 세상입니다. 모든 것을 빨아 먹습
니다. 채웁니다. 심지어 남은 것이 없는 불쌍함을 먹고, 가진 것이 없는
가난함까지 먹습니다.

"사람들의 이빨이 칼 같고 턱이 작두 같은 세상이구나. 불쌍한 사
람을 지상에 하나 남기지 않고 가난한 사람을 세상에 하나 남기
지 않고 먹어 치운다."(공동번역/잠30:14)

채우고 채우고 또 채워도
채워지지 않는다
그리하여도 채우려 한다

그래서 아굴의 기도는 깊은 영성인 것입니다. 채우려 하지 않고 목마
름을 이슬로 적시고도 만족하며 길을 가는 것 같기 때문입니다.

'채우려하지 않고 내려놓는 것, 비우는 것, 버리는 것으로 시작합니
다. 우리가 추구하는 영성입니다.'

* Meditatio 묵상
오늘 말씀을 통하여 깨닫게 된 것을 짧게 적어보십시오.

연약함이 지혜이며 아름다움이다

* Lexio 읽기 / 잠언 30:21-33

가능하면 오늘의 본문을 먼저 읽는 것이 좋지만 바로 아래 글을 읽어도 좋습니다. 충분히 본문을 이해하도록 배려하며 글을 썼습니다. 혹시 본문을 읽으신 분은 감동이 오는 말씀이나 단어 혹은 느낌을 간단히 적으시면 좋습니다.

"세상을 진동시키며 세상이 견딜 수 없게 하는 것 서넛이 있나
니"(잠30:21)

고통스러운 세상에서 '도대체 어떤 것이 우리를 고통스럽게 하는가?'
하는 물음에 잠언 기자는 서너 가지로 설명합니다.

"종이 임금된 것과 미련한 자가 음식으로 배부른 것과 미움 받
는 여자가 시집 간 것과 여종이 주모를 이은 것이니라"(잠30:22-23)

전혀 왕이 될 만한 자격이 없는데 무력으로 혹은 돈으로 왕이 되고,
미련한 부동산 투기 혹은 더러운 방법으로 갑작스러운 졸부가 되는 상
황. 한마디로 말해서 질서가 사라져버린 세상, 합리적이지 않은 세상이
우리를 괴롭게 한다고 말합니다.

그렇다면 이제 우리는 어떻게 살아야 합니까? 잠언 기자는 매우 재
미있는 이야기로 이 모든 것을 설명하였습니다.

"땅에 작고도 가장 지혜로운 것 넷이 있나니 곧 힘이 없는 종류로 되 먹을 것을 여름에 준비하는 개미와 약한 종류로되 집을 바위 사이에 짓는 사반과 임금이 없으되 다 떼를 지어 나아가는 메뚜기와 손에 잡힐 만하여도 왕궁에 있는 도마뱀이니라"(잠30:24-28)

미리 준비하는 개미, 위험을 내다보고 미리 견고한 곳에 집을 짓는 사반(오소리), 임금이 없이 함께 살아가는 메뚜기, 그리고 민첩하고 지혜로운 도마뱀.

'미리 준비함, 견고한 터, 연합함, 민첩함.'

모든 것이 뒤죽박죽된 세상에서 매우 약한 우리가 살아가는 방법에 대한 잠언 기자의 대답입니다. 이들은 모두 연약함과 부족함을 가진 존재들입니다. 그 연약이, 그 인식이 스스로 사는 방법을 찾게 한 것입니다. '연약함이 지혜이다' 라고 말할 수 있습니다. 우리의 경우 이에 더하여 그 연약함으로 하나님을 믿을 수 있는 간절함이 생기기에 더욱 아름다운 것입니다.

'연약함이 지혜입니다. 하나님을 전심으로 믿고 의지할 것이기 때문입니다. 연약함이 참 좋습니다.'

* Meditatio 묵상
오늘 말씀을 통하여 깨닫게 된 것을 짧게 적어보십시오.

어머니의 말을 듣다

* Lexio 읽기 / 잠언 31:1-9

가능하면 오늘의 본문을 먼저 읽는 것이 좋지만 바로 아래 글을 읽어도 좋습니다. 충분히 본문을 이해하도록 배려하며 글을 썼습니다. 혹시 본문을 읽으신 분은 감동이 오는 말씀이나 단어 혹은 느낌을 간단히 적으시면 좋습니다.

> "르무엘 왕이 말씀한 바 곧 그의 어머니가 그를 훈계한 잠언이
> 라"(잠31:1)

잠언 31장은 르무엘 왕이 마음속에 늘 새기던 어머니의 가르침을 적은 것입니다. 어머니의 가르침은 르무엘 왕이 바른 왕으로 살아가게 하는 근본이 되었음에 틀림이 없습니다.

르무엘 왕은 어머니가 기도하며 "서원대로 얻은 아들"(잠31:2)이었습니다. 그래서 어머니는 아들의 이름을 "르무엘"(하나님께 속한 자)이라고 붙인 것입니다. 그렇기에 어머니는 아들 르무엘에게 하나님께 속한 자의 삶이 어떤 것인지를 가르치고자 했음을 알 수 있습니다. 몇 가지로 어머니는 강조합니다.

첫째, '힘을 여자들에게 쓰지말라'(잠31:3)고 가르칩니다. 풀어서 포괄적으로 해석하면 자신의 쾌락과 즐거움을 위해서 힘을 사용하지 말라는 뜻입니다. 정욕을 따라 사는 것은 하나님께 속한 자로 적절하지

않다는 말씀이었습니다.

둘째, '포도주를 마시는 것이 왕들에게 마땅하지 아니하다'(잠31:4)고 가르칩니다. 언제나 정신을 똑바로 차리고 있어야 하는 리더이기 때문입니다. 혹시라도 정신이 혼미하게 되어 바르게 판단하지 못하고 정확한 방향을 제시할 수 있는 마음을 잃어버릴지도 모르기 때문입니다. 그래서 그의 어머니가 이렇게 말합니다.

> "독주를 탐하는 것은 통치자에게 합당하지 않다. 술을 마시고 법
> 을 망각하고 압제당하는 자들을 무자비하게 다룰까 두렵다."
>
> (쉬운성경/잠31:4-5)

마지막으로 '말 못하는 자와 모든 고독한 자, 곤고한 자와 궁핍한 자'(잠31:8-9)를 위하여 살아갈 것을 요청합니다. 이 땅의 고통 받는 자들, 방향을 잃은 자들, 그들에게는 분명 바른 정신을 가지고 방향을 제시하는 사람이 필요하기 때문입니다. 어머니는 그런 사람이 진정한 왕, 진정한 리더라고 말한 것입니다.

'나는 어떤 리더입니까? 나는 자기 연민에 빠지지 않고 견고한 마음을 가진 하나님의 사람으로 살아가고 있습니까? 그렇게 힘쓰고 계십니까?'

* Meditatio 묵상
오늘 말씀을 통하여 깨닫게 된 것을 짧게 적어보십시오.

지혜는 여인처럼 아름답다

* Lexio 읽기 / 잠언 31:10-22
가능하면 오늘의 본문을 먼저 읽는 것이 좋지만 바로 아래 글을 읽어도 좋습니다. 충분히 본문을 이해하도록 배려하며 글을 썼습니다. 혹시 본문을 읽으신 분은 감동이 오는 말씀이나 단어 혹은 느낌을 간단히 적으시면 좋습니다.

"누가 현숙한 여인을 찾아 얻겠느냐 그의 값은 진주보다 더 하니라"(잠31:10)

잠언서 31장 10절에서 31절 마지막 절까지 풀어가는 구성은 매우 흥미롭습니다. 잠언 기자가 총 22절을 '답관체'(Acrostic Psalms, 각 행의 첫 글자가 알파벳 순서로 기록된 시 형식) 방법을 사용했기 때문입니다. 이는 히브리어 알파벳 순서를 따라 각 구절의 첫 글자를 택하여 절을 써 내려 간 것입니다. 그러니까 한글 'ㄱ, ㄴ, ㄷ, ㄹ...'로 이어지는 것처럼 히브리어 알파벳의 순서 '알렙, 베트, 기멜, 달렛...'의 순서를 따라 11절부터 기술한 것입니다.

11절의 시작 자음은 '알렙'를 사용해서 '에쉐트 하일'(현숙한 여인)이라고 썼다면 12절은 '베트'를 써서 '바타흐 바흐'(그녀를 믿는다)로 시작합니다. 이 같은 방식으로 마지막 절인 31절까지 진행합니다. 당연히 마지막 구절의 첫 자음은 히브리어 알파벳의 마지막인 '타브'를 사용하여 '테누 라흐'(너희가 그녀에게 주리라)로 표현하였습니다.

이 같은 형식은 '잠언 기자가 단순히 글자 놀이한 것인가?' 생각할 수도 있지만 그렇게 단순히 지나칠 수 없는 것은 잠언의 마지막 장이고 더욱이 그동안 별로 언급하지 않던 여성에 대한 잠언이기 때문입니다. 그렇다면 잠언 기자는 무엇을 강조하고 싶었던 것입니까?

"밤이 새기 전에 일어나서 자기 집안 사람들에게 음식을 나누어 주며 여종들에게 일을 정하여 맡기며"(잠31:15)

그녀의 아름다움은 부지런함입니다. 동시에 그녀의 아름다움은 사랑 때문입니다.

"온 식구를 두둑히 입혀서 눈이 와도 걱정이 없다. 손수 이부자리를 만들고 모시와 붉은 털로 옷을 짜 입는다."(공동번역/잠31:21~22)

이 글을 읽으면 가족에 대한 어머니의 자연스러운 사랑이 그려집니다. 어쩌면 잠언 기자는 그동안 강조했던 지혜가 이 같은 일상적인 사랑이라고 말하고 싶었던 것인지도 모릅니다. 가까이할 수 없는 어떤 특별함이 아니라고 말입니다.

'우리는 우리들의 어머니를 통해서 이미 배웠습니다. 그렇다면 우리도 매일 잠언을 들은 것입니다.'

* Meditatio 묵상
오늘 말씀을 통하여 깨닫게 된 것을 짧게 적어보십시오.

지혜는 어머니 같다

* Lexio 읽기 / 잠언 31:23–31

가능하면 오늘의 본문을 먼저 읽는 것이 좋지만 바로 아래 글을 읽어도 좋습니다. 충분히 본문을 이해하도록 배려하며 글을 썼습니다. 혹시 본문을 읽으신 분은 감동이 오는 말씀이나 단어 혹은 느낌을 간단히 적으시면 좋습니다.

"불쌍한 사람에게 팔을 벌리고 가난한 사람에게 손을 뻗친다."

(공동번역/잠31:20)

그 여인은 가난하고 곤고한 자들을 그냥 지나치지 않습니다. 이처럼 그녀의 아름다움은 긍휼입니다. 그녀의 언어는 지혜 자체입니다.

"입을 열면 지혜로운 말이 나오고 혀를 놀리면 친절한 가르침이

나온다."(공동번역/잠31:26)

그녀의 아름다움의 근원은 사라지는 외모에 있지 않고 하나님을 경외함에서 나옵니다.

"고운 것도 거짓되고 아름다운 것도 헛되나 오직 여호와를 경외

하는 여자는 칭찬을 받을 것이라"(잠31:30)

여자, 사실 하나님이 남자와 여자를 창조하실 때 여자는 특별했습니

다. 성경은 남자의 "돕는 배필"(창2:18)로 지으셨다 쓰고 있지만 그 이상의 내용을 담고 있습니다.

"돕는 배필"로 번역된 히브리어가 '에젤'이라는 단어인데, 이 단어는 '도우신다'는 뜻의 '아자르'와 '하나님'이라는 뜻의 '엘'의 합성어입니다. 더욱이 '에젤'이 남성 단수로 쓰였다는 점이 중요합니다. 즉 여자는 단순히 남성의 배필이 아니라 하나님의 대리자라는 개념이 강하다는 것을 알 수 있습니다.

우리는 여성 안에 드러나는 하나님의 모습들, 어머니와 헌신적인 아내로부터 이미 경험하였습니다. 하지만 그녀들은 권세 있는 자처럼 행동하지 않습니다. 매우 자연스럽고 평범하게 일상적인 삶을 삽니다.

지혜의 모습입니다. 분명 지혜는 하나님을 아는 지식과 관계있지만 평범하게 취급되던 여자를 언급하여 일상적이라는 사실을 그 의미를 드러낸 것으로 보입니다.

'지혜는 평범하고 일상적인 것입니다. 그런데 그 지혜를 만나면 특별해집니다. 그런 의미에서 우리의 어머니 같고, 아내 같습니다. 어떻게 생각하십니까?'

---

* Meditatio 묵상
오늘 말씀을 통하여 깨닫게 된 것을 짧게 적어보십시오.

잠언 이야기
사람을 지혜롭게 하는 책

잠언서는 서두에서 말하는 것처럼 우리가 지혜로워 지는 것을 돕기 위하여 솔로몬이 쓴 책입니다. 물론 지혜로운 자들의 글(잠22:17-24:34)과 잘 알려지지 않은 인물 아굴(잠30:1-33), 르무엘 왕의 어머니(잠31:1-31)가 기록한 부분이 있기는 하지만, 솔로몬이 잠언 3,000편을 말하였고 1,005편의 노래(왕상4:32)를 썼다는 데에는 별다른 의의가 없다고 여겨집니다.

대체적으로 기록된 시기는 솔로몬 왕 재위기간인 주전 971-931년 사이라고 보고 있고, 책의 모습으로 완결된 형태를 지닌 시기는 히스기야 시대라고 보고 있습니다(잠25:1). 일반적으로 성서학자들의 견해를 따를 때 아가서는 청장년기에, 잠언서는 중년기에, 그리고 전도서는 그의 생애 끝 무렵에 쓴 것으로 평가합니다.

지혜롭게 하는 책

잠언서를 기록한 목적은 서두에서 매우 정확하게 말하고 있습니다. 첫째 지혜와 훈계를 알게 하고, 둘째 명철의 말씀을 깨닫게 하며, 셋째 훈계를 받을 수 있을 만큼 마음을 열게 하며, 넷째 어리석은 자는 슬기롭게, 다섯째 젊은 자에게는 지식과 근신을 더하게 하고, 지혜 있는 자와 명철한 자에게는 더 지혜로워지게 하기 위함이라고 말하고 있습니다. 한마디로 이 책을 규정한다면 '지혜롭게 하는 책'이라고 말할 수 있습니다. 그러므로 지혜로워지길 원하는 자에게 이 책은 매우 중요한 의미를 지닌다고 말할 수 있습니다.

잠언 전체를 통하여 중심 주제가 되는 말씀은 "여호와를 경외하는 것이 지식의 근본"(잠1:7)이라고 할 수 있는데, 결국 하나님을 깊이 알면 알수록 우리가 매우 지혜로워진다는 말입니다. 이것은 매우 당연하다고 생각합니다. 왜냐하면 지혜는 바로 하나님에게서 나오기 때문입니다.

지혜는 어떻게 오는가?

지혜가 어떻게 오는지 알기 위해서는 솔로몬을 연구할 필요가 있습니다. 그래서 이런 질문을 던지겠습니다.

'솔로몬이 가졌던 지혜는 어떻게 해서 생긴 것인가?'

성경은 매우 명료하게 그리고 있는데, 솔로몬이 이스라엘의 3대 왕이 되었을 때였습니다. 그의 왕위는 매우 불안정했습니다. 그래서 자신이 통치하는데 있어서 장애로 작용하게 될 자신의 이복형이면서 실제로 왕위찬탈의 야심을 버리지 못하고 있던 아도니야, 그리고 아도니야를 지지했던 대제사장 아비아달과 요압장군, 다윗을 저주했던 시므이 등 모든 정적(政敵)들을 제거합니다(왕상2:13-46). 또한 견고치 못한 자신의 왕권을 강화하기 위하여 주변 강국이었던 애굽과의 결혼동맹을 맺기도 합니다(왕상3:1).

이런 노력에도 불구하고 솔로몬은 늘 걱정에 사로잡혀 있었습니다. 하지만 솔로몬에게 있어서 가장 큰 걱정은 '하나님의 백성들을 잘 치리할 수 있을까?'하는 것이었습니다. 솔로몬이 드렸던 일천 번제는 바로 이런 관심에서 나온 것이었습니다. 일천 번의 제사, 하루에 한 번씩이라면 3년이 넘는 기간의 예배였고 하루 세 번씩 드리는 제사라 할지라도 1년이 지속되는 예배였습니다. 그것은 지극한 겸손의 표현이었고, 하나님께 절대적으로 의존하는 표현이었습니다. 솔로몬은 이렇게 기도합니다.

"나의 하나님 여호와여 주께서 종으로 종의 아버지 다윗을 대신하여 왕이 되게 하셨사오나 종은 작은 아이라 출입할 줄을 알지 못하고 주께서 택하신 백성 가운데 있나이다 그들은 큰 백성이라 수효가 많아서 셀 수도 없고 기록할 수도 없사오니 누가 주의 이 많은 백성을 재판할 수 있사오리이까 듣는 마음을 종에게 주사 주의 백성을 재판하여 선악을 분별하게 하옵소서"(왕상3:7-9)

하나님을 절대적으로 의존하는 것은 자신의 부족함을 철저히 인식하고 있었기 때문입니다. 약 20살 정도에 왕위에 올랐던 솔로몬이 자신을 앞가림도 제대로 못하는 "작은 아이"라 표현하고 있는 것에서 알 수 있습니다. 동시에 솔로몬은 자신이 치리해야 할 이스라엘 백성을 존귀하게 여기고 있었습니다. 개역개정성경에서는 "많은 백성"이라고 번역되었지만 NIV로 읽어보면 쉽게 그 뜻을 알 수 있습니다.

"For who is able to govern this great people of yours?"
(NIV/왕상3:9)

그래서 공동번역은 "감히 그 누가 당신의 이 큰 백성을 다스릴 수 있겠습니까?"라고 번역하였습니다. 결국 솔로몬이 선택한 방법은 지혜를 구하는 것이었습니다. 그리고 이 같은 솔로몬의 간구에 하나님께서는 지극히 감동하시어 말할 수 없는 축복을 허락하셨습니다. 좀 많이 오버하신다고 느껴질 정도로 하나님은 반응하셨습니다.

"솔로몬이 이것을 구하매 그 말씀이 주의 마음에 든지라 이에 하나님이 그에게 이르시되 네가 이것을 구하도다 자기를 위하여 장수하기를 구하지 아니하며 부도 구하지 아니하며 자기 원수의 생명을 멸하기도 구하지 아니하고 오직 송사를 듣고 분별하는 지혜를 구하였으니 내가 네 말대로 하여 네게 지혜롭고 총명한 마음을 주노니 네 앞에도 너와 같은 자가 없었거니와 네 뒤에도 너와 같은 자가 일어남이 없으리라 내가 또 네가 구하지 아니한 부귀와 영광도 네게 주노니 네 평생에 왕들 중에 너와 같은 자가 없을 것이라"(왕상3:10-13)

"솔로몬이 이것을 구하매", 곧 지혜를 구할 때 벌어진 일이었습니다.

지혜는 무엇입니까?

그렇다면 솔로몬이 구한 지혜란 도대체 무엇을 말하는 것입니까? 도대체 무엇이기에 이토록 놀라운 일이 벌어진 것입니까?

잠언은 먼저 "여호와를 경외하는 것이 지혜의 근본"(잠9:10)이라고 표현합니다. 그러니까 지혜란 하나님을 두려워하고 하나님의 통치를 인정하며 그에게 청종한다는 뜻임을 알 수 있습니다. 그러므로 솔로몬은 백성들을 자신의 백성으로 혹은 통치 대상으로 이해하지 않고 "this great people of yours", 즉 '하나님이 다스리는 위대한 백성'으로 인식하였기에 하나님께 먼저 물은 것입니다. 어떻게 하나님의 백성들을 바르게 이끌어야 하는지 말입니다.

결국 솔로몬은 자신이 백성들을 다스리기 전에 자신이 하나님 앞에 철저히 다스려져야 한다고 고백 한 것입니다. 바로 그 표현이 지혜를 구한 것입니다. 그러므로 지혜를 구했다는 말은 하나님께서 직접 다스려 달라는 간접적인 표현이었음을 알 수 있습니다.

두려움을 상실한 솔로몬

제대로 앞가림하지 못하는 작은 아이의 모습이라고 고백함에서 알 수 있듯이 실제로 황제이지만 하나님을 전적으로 신뢰하고 두려워하는 아름다운 마음이 솔로몬에게는 있었습니다. 그것이 솔로몬의 성공 비결이었습니다. 더욱 중요한 것은 솔로몬에게 주어진 지혜를 자신만이 아니라 하나님과 그의 백성들을 위해 쓰고자 하였습니다. 그것은 더욱 풍요로움에 이르는 길이었습니다.

그러나 속상한 것은 솔로몬이 하나님의 사람으로 계속 쓰임 받지 못
하고 답답한 미래를 만난다는 것입니다. 솔로몬은 화려하고 강력했던
왕국의 모습을 뒤로 한 채 자신의 나라가 둘로 나뉘고 자신의 부하에게
로 그 나라의 한 부분, 곧 이스라엘이 넘어가는 것을 보게 됩니다. 그
런데 더 중요한 것은 이 일을 하신 것도 바로 하나님이셨다는 사실입
니다.

> "네가 나의 언약과 내가 네게 명령한 법도를 지키지 아니하였으
> 니 내가 반드시 이 나라를 네게서 빼앗아 네 신하에게 주리라"
>
> (왕상11:11)

비참해지는 솔로몬 왕국, 그 이유가 적혀있었습니다. 하나님을 두려
워하지 않음에서 시작되어 자신에게 주어진 지혜가 썩은 지혜가 되는
순간이었습니다. 물론 그는 여전히 지혜로웠습니다. 분명히 세상적으
로 보면 지혜로운 왕처럼 보였지만 그 지혜는 하나님을 두려워함에서
나온 지혜가 아니었기에 계속 멸망으로 치달리게 만드는 지혜가 되었
습니다. 지혜가 하나님을 위하여 쓰여야 하는데 자신을 위해 쓰는 순간
부터 벌어진 일이었습니다.

잊지 마십시오. 하나님께서 우리를 무한히 지혜롭게 하시고 축복하
실지라도 우리는 늘 하나님을 두려워하는 삶으로, 겸손과 절대의존의
삶을 견지해야 합니다.

멸망의 시작

그렇다면 솔로몬의 멸망, 구체적으로 언제부터 시작된 것입니까? 무엇이 그를 그렇게 만든 것입니까?

첫째, 편의주의적인 예배자의 삶에서 시작되었습니다. 먼저 솔로몬이 성전을 지은 것을 살펴볼 필요가 있습니다. 솔로몬이 성전을 지을 때 걸린 시간은 7년에 지나지 않았지만(왕상6:37-38) 자신의 왕궁을 짓는 데는 무려 13년이나(왕상7:1) 소요되었습니다. 더욱이 성전은 자신의 편의를 따라서 지어졌습니다. 결국 솔로몬 성전은 역대 왕들의 편의주의적인 신앙의 기초가 됩니다.

에스겔 선지자의 말에 의하면 솔로몬 성전은 왕궁과 성전 사이의 출입을 편하게 하기 위하여 성전과 왕궁의 문지방을 성별시키지 않았습니다(겔43:6-9). 더욱이 후대에는 성전 옆에 음란한 우상들을 자리 잡게 하였고 무덤과 시체들을 성전 곁에 두는 불경을 행합니다. 하나님을 두려워하지 않았던 것입니다. 그것의 시작은 솔로몬이 지은 성전과 왕궁을 구별하지 않는 자신의 편의주의적인 신앙에서 출발한 것입니다.

우리는 여기서 우리의 편의주의적인 신앙양식을 두려워해야 합니다. 내 편의를 따라 믿는 것은 하나님을 두려워하지 않는 신앙 태도와 다름이 없기 때문입니다.

둘째, 편의주의적인 신앙을 따라 육신과 세상이 요구하는 생활에 타협한 것입니다. 솔로몬도 그랬습니다. 그는 자신에게 있는 지혜를 자신을 위해 계속 사용하였습니다. 더 견고해지기 위해서 수많은 나라들과 결혼 동맹을 맺기 시작하였고, 여자들을 탐하기 시작하였습니다. 무려 후궁이 700명, 첩이 300명(왕상11:3), 모두 1000명의 부인을 둔 쾌락의 삶을 살았습니다. 이 같은 솔로몬의 쾌락적인 삶은 하나님의 지혜를 완전히 상실하게 하였고, 더 이상 하나님의 음성을 듣지도 않고 하나님을 두려워하지도 않는 삶을 살게 하였습니다.

세 번째, 결국 두려운 일이 벌어졌습니다. 하나님을 두려워하지 않고 자기 마음대로 살아가는, 실제는 무늬만 하나님을 믿는 사람이 된 것입니다. 그는 자신의 부인들을 따라 수많은 이방신들을 섬기는 일을 하였습니다(왕상11:4-8). 어린이를 제물로 바치는 의식을 갖는 몰록, 아스다롯, 암몬의 밀곰, 모압의 그모스 등 수없이 많은 신들을 섬기고 제사하게 하였습니다. 죄책감도 없었던 솔로몬, 더 이상 하나님의 사람이 아니었습니다.

하나님께서 진노하셔서 두 번이나 솔로몬에게 나타나 돌아설 것을 명령하셨지만(왕상11:9-10) 솔로몬은 하나님의 명령을 듣지 않을 만큼 완악한 사람, 지혜가 상실된 사람이 되었습니다. 하나님을 두려워하는 사람이 아니라 하나님을 우습게 여기는 사람이 된 것입니다.

두려우십니까?

그의 멸망은 하나님을 두려워하지 않는 사람이 되었을 때 오는 자연스러운 현상이었습니다. 처음 마음은 사라지고 만 것입니다. 그런 의미에서 두려움, 하나님을 경외하는 것은 매우 중요한 신앙 리트머스 시험지 같은 것입니다. 주의하십시오. 잠언서가 가장 중요하게 여기는 질문입니다.

"여호와를 경외하는 것이 지식의 근본이거늘 미련한 자는 지혜와 훈계를 멸시하느니라"(잠1:7)